シン・ゴジラ論

藤田直哉

作品社

序

『シン・ゴジラ』を観た。

圧倒された。

何か、凄まじいものを観たという印象だった。

東日本大震災を想起させる映像。

リアリティ。

迫力。

恐怖。

絶望。

なにより、ゴジラの崇高さ。

口から真っ赤な火を吐き、レーザーを発したゴジラの、神々しいまでの美しさ、破壊された東京を観る、
絶望的な陶酔。

後半、日本政府が攻勢に転じた場面で、ぼくはなぜか、ゴジラを応援していた。


もっと壊せ！　もっとぶち壊せ！　やれ、ゴジラ！

この世界の全てを焼き払え！

日本政府、ゴジラをボコボコにするなんて何を考えているんだ！

ゴジラをいじめるな！

やり返せ！　ゴジラ！


……この見方が「特殊」だと知ったのは、随分とあとのことになる。

国会前でデモをしていた若い世代ですら、日本政府側に感情移入して応援していたというのだから！

ゴジラの立像がある、歌舞伎町のＴＯＨＯシネマズで映画を観た。

映画が終わったのち、会場から万雷の拍手が起こった。舞台挨拶やトークショーがあったわけではない。

映画そのものに、自然と観客が拍手したのだ。

そんなこと、なかなか起こらない。

映画そのものに拍手を送る（監督やスタッフがその場にいるわけではない）ほどの熱狂が劇場にあった。

ぼくも、映画に興奮し、熱狂を共有し、拍手しながらも、頭の中に、どこか冷めている部分があった。

この映画にほんとうに喜んで良いのか？

日本政府と自衛隊が勝つ映画に拍手を送るのはどうなんだろう？

重工業、製造業が強かった時代の日本をあまりにロマンチックに描いていないか？

危機に際して「一体感」を集団が持つ。過労死しそうな環境で働くこの映画の現実の労働に対する効果はどうなんだろう？

カタルシスを感じさせるこの映画のスペクタクルは、実際の震災の犠牲者や被害者に対する共感を失わせる効果がないか？

その疑問は、どれだけの『シン・ゴジラ』論を読んでも解消されない。

だから、自分で考えることにした。

震災の記憶を昇華するエンターテイメントの是非

ぼくの胸に一番引っかかったのは、東日本大震災という現実に対し、このような虚構をぶつけることの意義である。

『シン・ゴジラ』のスペクタクルの快は、ぼくらが実際に体感し、メディア越しに観た東日本大震災の記憶と結びついている。

多くの者が語ることを「倫理的」にタブーにしているが、二〇一一年三月一一日、東日本大震災による津波の破壊の映像、燃え盛る沿岸部の映像、爆発する原発の映像にも、「スペクタクル」の快はあった。二〇一一年三月一一日のＳＮＳには、そのような悦びと感動の声がたくさんあったのをぼくは覚えている。

その後、その言葉は「不謹慎」との声に、削除されていった。

「死者」、「犠牲者」への想像、倫理的な反省はあとから訪れる。しかし、映像そのものの「スペクタクル」の快はどうしても感じてしまう。この二つは、人間の脳が対象を認識する際の時間差に由来するものである。

『シン・ゴジラ』は、震災や巨大な破壊そのものを悦びとして観てしまう快楽と、そのことに対する倫理的な反省と罪悪感の相克に、作用しているように感じられた。

この二重化そのものの、解きほぐしがたい精神のしこりを、『シン・ゴジラ』は、解消してくれた。カタルシスを得させた。

それは、気持ちいい。

だけれど、何かが見えなくなるかもしれない。

持つべき感情、直視すべき何かを、見えなくしているかもしれない。


似た問題は、二〇一六年に大ヒットした新海誠監督のアニメ映画『君の名は。』にもいえる。

一二月六日の東宝発表によると、『君の名は。』の興行収入は二〇〇億円を突破し、歴代邦画ランキングで二位になった。宮﨑駿監督作品で言えば、『崖の上のポニョ』、『もののけ姫』、『ハウルの動く城』を超え、上には『千と千尋の神隠し』しかない。

『シン・ゴジラ』は、東宝の発表によると一一月一六日までで、興業収入が八〇億円を突破。観客動員は五五一万人を超えたという。

どちらも途方もない数字である。

何故二〇一六年に、震災を想起させるエンターテイメントがこれほどヒットしたのか？　震災の経験を心理的に「昇華」させたい人々がこれほど大勢いたからこそ、これほどの「国民的」ヒットとなったのではないか？

ぼくは、虚構と現実の関係について、改めて考え込んでしまった。

エンターテイメントが必要とされる理由も分かる。人はありのままの現実を見続けられるものではない。特に、悲惨な現状ではそうであろう。

これまで、震災後文学を読み続け、被災地を扱ったドキュメンタリー作品などを観続けたが、人間や制度、自然や世界の残酷さ、不条理さに気が滅入り、自身や人間存在の無力さに打ちひしがれることばかりだった。確かに、それればかり観ていたら、鬱になる。だから、時々、それを忘れさせるエンターテイメントが必要だという気持ちも分かる。

実際に、ぼくだって、それらが必要なのだ。

しかし、その幻想は、同時に、現実や実際に存在する悲惨を覆い隠してしまう。覆い隠された中にいる人々の苦しみは、見えなくされる。その苦しみにも、無感覚ではいられない。

厄介なことだ。

戦後日本の新たなる「神」としてのゴジラ

人間の精神が自分を守るために虚構を作るのは、避けられないことなのかもしれない。

エンターテイメントによって、現実に直面する気鬱から身を守るのは、少なくとも、大衆文化においては、「生きる」ための必然から正当化されうるのかもしれない。

現実の過酷さや悲惨さに耐えられるように人間の精神に影響を与える虚構に対して、伝統的に与えられてきた名前がある。

「宗教」である。

どうやら、戦後、そして、震災後の日本では、宗教はサブカルチャーに代替されているようである。日本社会は〈ゴジラ〉という名前の「神」をなぜ必要とするようになったのか？

震災後の今、なぜもう一度必要になったのか？

〈ゴジラ〉という虚構の光源から、それらの虚構を生み出した日本社会を照らせば、その角度から見える別種の光景が見えてくる。本書は、その光景の意味を探究する。

その光景は、ぼくたちが生きてきた過去、そして生きていく未来を考える上で、どうしても必要なものだ。

本書の構成

第一章「ゴジラ対3・11」は、政治家や霞ヶ関の官僚、軍事や建設の専門家などの『シン・ゴジラ』評を検討する。彼らが、虚構と現実を結び付けていたり意図的に混濁させたり、むしろ切り分けたりするその「反応」を分析することで、「現実《ニッポン》対虚構《ゴジラ》。」とキャッチコピーが付けられた『シン・ゴジラ』の性質を理解する。明らかになるのは、この作品が単なるエンターテイメントとしてではなく、政治的機能を持った作品として機能していることである。

第二章「ゴジラ対天皇」は、従来のゴジラ評論で主流であった、一作目のゴジラは、第二次世界大戦の死者たちであり、皇居に向かってきたのだとする、「ゴジラ死者説」の系譜を検討する。天皇とゴジラはどのような関係にあるものと読まれてきたのか。第二次世界大戦と戦後日本社会において、どのような象徴として受け取られてきたのか。そしてそれは、震災後に作られた『シン・ゴジラ』とどのような関係を結んでいるのかが検討される。

第三章「ゴジラ対メタゴジラ」は、映画の中のキャラクターとしての〈ゴジラ〉を、一段階引いた目で検討する章である。様々な解釈を引き寄せ、無数の象徴に「なりすぎる」性質を持つキャラクターとしての〈ゴジラ〉という、虚構の中の存在の特殊性を分析する。本章後半では、「かわいい」化されるゴジラや、BL化されるゴジラなどを扱う。読み替えにより、ゴジラの暴力性を性愛的に「解釈」することで飼い慣らそうという試みの意義を検討する。結果として、戦後のゴジラがシリーズ化に従って、衛生化・無害化され、その結果、サンリオやポケモンが生まれたという戦後日本キャラクター史の再検討が本章では行われる。

第四章「科学対物語」は、ゴジラシリーズ全作品を、『シン・ゴジラ』という新しい視座のもとに読み直す試みである。『シン・ゴジラ』はあまりに一作目の『ゴジラ』とばかり結び付けて論じられてきたが、それが明らかな間違いであることが、本章で証明されるだろう。『シン・ゴジラ』は、平成シリーズ、ミレニアムシリーズの遺伝子を明らかに継いでおり、一作目から続く「科学」の悪循環というテーマを適切に引き受けた作品であることが本章で示される。

第五章「神対罪」は、戦後日本社会において、失われた「神」である天皇や「無常」などの宗教観ではなく、〈ゴジラ〉という神が無意識的に必要とされたことの意味を検討する。〈ゴジラ〉という思想、〈ゴジラ〉という倫理を、戦後日本社会が持とうとしたことの意義は大きい。震災後、戦争の予感すらしている現在において、ぼくたちが何を失ってはいけないのか、何を怖れるべきなのか、そして、何を継承するべきなのか。『シン・ゴジラ』への最大の懸念を批判しつつ、最大の可能性をも取り出す試みをする。

第B章「〈笑い〉の逆襲」は、補論である。〈ゴジラ〉という「神の影」が支配してきた戦後日本社会に挑もうとした二人の映画監督、北野武と松本人志の「怪獣映画」を検討する。不当に評価の低い彼らの「怪獣映画」を理解する新しいパースペクティヴが、本書で初めて明らかになる。

「虚構は虚構」、「現実は現実」と、単純に切り分ける態度は、エンターテイメントが政治的に利用され、政治がエンターテイメント化している現在、通用しない。

なにしろ、映画の悪役のようなドナルド・トランプが本当にアメリカ大統領になってしまう時代である。彼は映画にも出演し、リアリティ番組のプロデューサーとしても成功してきた！　現実の政治すらもはやリアリティ・ショーになってしまっているかのようである。もはや戦争も、「リアリティ」をめぐる戦争、「リアリティ・ウォー」の様相を呈してきた。

輻輳し、多層化し、混濁しているその状況を、丁寧に腑分けしていく作業を行うことが、より良い未来を引き寄せるために必要なことだと、信じている。

この論が、その助けにならんことを。

シン・ゴジラ論　目次

第B章　〈笑い〉の逆襲

凡例

本書で引用した文献は、「主要参考・引用文献」としてまとめた。またツイッターなどの引用は、筆者が二〇一六年九月から一一月のあいだに取得したものである。

シン・ゴジラ論

藤田直哉

わたくしといふ現象は
仮定された有機交流電燈の
ひとつの青い照明です
（あらゆる透明な幽霊の複合体）
風景やみんなといつしよに
せはしくせはしく明滅しながら
いかにもたしかにともりつづける
因果交流電燈の
ひとつの青い照明です

――宮澤賢治『春と修羅』

第一章　ゴジラ対3・11

主権者とは、例外状況にかんして決定をくだす者をいう。
——カール・シュミット『政治神学』

ゴジラ対現実Ⅰ

安倍首相と『シン・ゴジラ』

二〇一六年九月一二日、安倍晋三首相は、自衛隊幹部との懇親会で、『シン・ゴジラ』について触れながら、このように述べた。

このような現実の世界のみならず、今話題の映画「シン・ゴジラ」でも自衛隊が大活躍していると聞いています。私と官房長官は、短期間のうちに死亡するそうです。官房副長官は生き残っています。統合幕僚長以下、自衛隊員の皆さん、格好良く描かれているとうかがっています。このような人気もまた、自衛隊に対する国民の揺るぎない支持が背景にあるのだと思います。

（朝日新聞デジタル「「シン・ゴジラでも自衛隊が活躍。国民が支持」安倍首相」）

特撮映画という「虚構」を「現実」と結びつけて政治家が語る。半ば冗談めかしてではあるが、『シン・ゴジラ』の作中の総理大臣（虚構）と、総理大臣である安倍晋三（現実）を同一化させて語る。麻生財務相の『ゴルゴ13』への言及「麻生太郎が殺されるのか知らないが、楽しみにしているよ」もこの例に入る。

　このような虚構と現実をスライド、あるいは多重化させる話法は、「自衛隊」を論じる場面でも使われている。『シン・ゴジラ』という虚構の人気と、『シン・ゴジラ』内の架空の自衛隊の「格好良さ」と、現実の自衛隊への「支持」が、何故か一直線に結びつくかのような語りが行われている。

　しかし、これは、安倍首相が、虚構と現実の区別のつかない〝とんでもない〟人間だ、ということを意味するわけではない。政治家の「語り」とは通常、アメリカ大統領をみればわかるように、基本的にスピーチライターや補佐官などのスタッフや側近が協力し、その「語り」の効果を周到に計算して行われる。従って、ここから読み取るべきは、自衛隊の幹部に対する懇親会で、自衛隊を鼓舞させるために、このような「言説」が有効であると首相もしくはその周辺が判断し、実際に語られるような状況があるということだ。

　だが、この発言の、自衛隊以外の、世間での「受け」は、どうであったか。

　現在、「虚構は虚構」、「娯楽は娯楽」として、現実と切り分けて考えるような素朴な認識では、作品についても、政治についても、片手落ちの理解しかできない。

　今、必要なのは、虚構と現実、芸術と政治が入り混じるその混濁、輻輳の状態を受け入れ、その上で切り分けを再度試みる態度である。

石破茂と『シン・ゴジラ』

『シン・ゴジラ』と現実を結びつけて語る政治家は、安倍首相だけではない。衆議院議員であり、防衛庁長官、防衛大臣を歴任した石破茂も、「〝ゴジラ〟に勝つ、国家のトップが持つべき資質」で、『シン・ゴジラ』の災害シミュレーションの側面に触れながら、虚構一般と政治家の関係性についてこう述べる（ネットからの引用は、読みやすいように数字やアルファベットの半角を全角に直している。以下同）。

とにかくトップはいろんな知識を持ち、そしてどの場合にどの知識をとってどういう判断をするか。知識がないと判断しようがないんですね、危機の際は。いくつかの知識を組み合わせないとだめなことがありますのでね。

なるべくたくさん知っていて、この場合に、これとこれと組み合わせたらこうなるねとか、そういうことができなければいけない。

トップをやってると忙しいので、そういうことは常には考えていられないですが、忙しくない時に思考訓練を積むことでしょうね。

そしてその決断は自分でするると。責任は自分が負うと。それは当たり前のことです。

もちろん幕僚たち、つまりスタッフに意見は求めますよ。

「どうなんだ、俺はこう思う。君たちこれについての意見を言ってみなさい」と。ただ、危機になって、「えーっと、どの法律だっけ？」と言っていたり、何か法律を作らなきゃと言っていてもしょうがないので。

思考訓練は、テレビとか映画とか、小説とかいくらでも題材はあるんですよ。

9・11が起こったときに私は最初「ああ、『合衆国崩壊』の世界だ」と思ったんです。トム・クランシーが『合衆国崩壊』という小説を30年ぐらい前に書いているんですが、これは簡単に言うと、ホワイトハウスにJALの飛行機が突っ込む話ですね。


様々な危機を事前に想定して対策を考える「思考訓練」、その題材は、「テレビ」、「映画」、「小説」などのまさに虚構なのである。

このインタビューの中で具体的に例が出るのは、『合衆国崩壊』、『新幹線大爆破』、『エアフォース・ワン』などの虚構と、「モスクワの劇場占拠事件」などの実際の事件、それから、「北海道が独立すると宣言し、北海道議会がそれを承認し、道民投票をやったら賛成が過半数を占め、いくつかの国が承認したらどうするのか」という仮定の状況である。

現実の国家で危機管理を担当する者たちが、虚構を「思考訓練」の材料として用いており、その結果として生み出される「想定」や「対策」が現実に効果を及ぼしていると推測できる根拠がここにはある。

細野豪志と『シン・ゴジラ』

では、現在の与党である自民党ではなく、3・11東日本大震災当時に与党であった民主党にいた政治家はどのような発言をしているのか。

細野豪志は当時、民主党政権で原発事故収束・再発防止担当大臣であり、『シン・ゴジラ』の主人公である矢口のモデルになったといわれている。

彼は、真山仁との対談「シン・ゴジラで斬る、政治家と原発、安保」で「3・11はフラッシュバックしましたか?」と質問され、こう答えた。


もちろん、しましたね。

主人公の矢口蘭童《ママ》を演じる長谷川博己さんが、39歳なんです。私が震災当時に、首相補佐官だったのが39歳の時でした。

もちろん私は、矢口のような英雄ではないし、世襲議員でもないです。でも、矢口のやっている職務には、手に汗を握ってしまった。

矢口と、竹野内豊さん演じる首相補佐官(赤坂秀樹)が官邸での役割分担をしていますが、私の考えは、赤坂に近かったですね。

矢口は理想論でがんばる。一方、赤坂は現実の中で、起こったことを認め、次どうするかを、プラグマティックに決めますよね。


東日本大震災と原発事故をモチーフとした『シン・ゴジラ』という虚構を、自身が経験した現実と重ねているが、先述の安倍発言とは質が異なる。

安倍首相の発言は、自衛隊の未来を意識しながら虚構と現実を結び付けているが、細野の発言で虚構と現実が結びつくのは、過去の経験に由来するフラッシュバック故である。「虚構」と「現実」を切り分けようとする態度があるのも大きな違いである。『シン・ゴジラ』の主人公の矢口のモデルは細野だと言われているが、「もちろん私は、矢口のような英雄ではないし、世襲議員でもない」と差異を強調する冷静な腑分けの態度がある。『シン・ゴジラ』全体についても、「バランスよくパロディ要素と、真剣な描写を組み合わせていましたよね」と冷静な判断をしている。主人公のモデルとなった人物であり、東日本大震災と原発事故の時期に内閣にいた人間の、このような態度は注目に値する。

が、ここではそれぞれの語り方の「差」についての分析に深入りはせず、様々な「政治家」がまるで「現実」のことであるかのように語ってしまう『シン・ゴジラ』という作品の特殊性を浮かび上がらせる。まずはそのために、他の政治家の発言も通覧していく。

福島みずほと『シン・ゴジラ』

『週刊金曜日』二〇一六年九月一六日号「シン・ゴジラと原発」で、社会民主党副党首の福島みずほはこのように述べた。

> 3・11後、(私は当時、社民党の党首でしたので) 他のすべての野党党首とともに首相官邸に集まったことがあります。〔…〕ただ、初代ゴジラでは古生物学者・山根恭平博士 (志村喬) が国会で証言しますが、『シン・ゴジラ』に野党は出てきません。「巨大不明生物」に多国籍軍が熱核兵器を使おうとして

いることを野党や国民に知らせようとしている場面も描かれません。もちろん、シンプルにする必要があったのでしょうが、国民への説明責任という点では残念です。

原発事故時に犠牲になるのは自衛隊員たちだからです。（もっとも、自衛官募集のポスターに『シン・ゴジラ』を使ったことには違和感があります）

『シン・ゴジラ』は、陸海空自衛隊はじめ政府全面協力でつくった反原発映画なのではないでしょうか。

作品で、野党が描かれていないこと、国民への説明責任を果たしていない点を、「残念」と批判している点が、興味深い。政治的な立場の違いが、映画の観方や、映画に関する発言に、ダイレクトに影響している。

「霞が関」ジャーナリストと『シン・ゴジラ』

『シン・ゴジラ』という虚構と現実との対応を確かめようとする記事も数多く出た。多いのは、やはり官僚や軍事のリアルと比較するものである。

日経ビジネスオンライン「シン・ゴジラ、「霞が関」の現実と虚構の境目――「プロ」の官僚たちもリアリティに共感」という磯山友幸の記事によれば、霞が関の官僚の間で本作はこう見られている。

官邸に集められる巨災対のメンバーたちが各省庁の異端児、変わり者であるという設定も、霞が関の官僚たちが溜飲を下げる大きな要素になっている。霞が関の縦割り組織の中で、自分は十分な役割を与えられておらず、本来の能力を発揮できていないと思っている官僚は、実はかなり多い。危機に際して声をかけられた劇中の官僚たちに、自分自身を重ね合わせているのだ。

シン・ゴジラにハマっている霞が関官僚の間では、市川実日子演じる尾頭ヒロミ環境省自然環境局野生生物課課長補佐は、○○省の××さんにびっくりするほど似ている、といった「現実」と「フィクション」をないまぜにした話が盛り上がっている。それぐらいリアリティを感じているのだろう。

軍事ジャーナリスト清谷信一が執筆した「「シン・ゴジラ」がリアルに描いた政治家と官僚」によると、本作に出てくる矢口は、リアリティがないという。

官僚ではないが、若手政治家の矢口蘭堂・内閣官房副長官（長谷川博己さんが演じた）も自己の意見を総理大臣や閣僚に進言して、赤坂秀樹・首相補佐官（竹野内豊さんが演じた）にたしなめられていた。対ゴジラ作戦が成功したのは、能力はあるが、出世にこだわらない個性の強い官僚を、矢口が組織化したからだろう。これはまさに有事の指揮官の資質である。

矢口は首相に直言をするなど、あまり政治家らしくない政治家だ。世襲議員であることが劇中で述べられていたが、恐らく庵野監督は自民党の小泉進次郎氏をイメージしたのではないだろうか。この政治家・矢口がおそらく本作品の最大のフィクションだろう。ここまで洞察力があり、信念に基づいて行動でき、いざとなれば腹を切る覚悟がある政治家が本当にいるとは思えない。

劇中、政治家が閣議や他の会議で、後ろに控えている官僚から渡されるメモをただ読むばかりのシーンが描かれている。これもまた事実だ。他の映画やドラマのように、政治家同士が断固意見を述べ合う会議はフィクションに過ぎない。

軍事ジャーナリスト・拓殖大学日本文化研究所客員教授の潮匡人は、本作の軍事的な側面のリアリティを「ゴジラ退治に、自衛隊は「防衛出動」できるか」でこう分析する。

「もはや怪獣映画ではない。これは国防映画である」――8月8日に生出演したニッポン放送のラジオ番組「ザ・ボイス」で、そう評した。加えて、官邸のシーンや自衛隊が活躍する場面に高いリアリティを感じたとも語った。「私が旧防衛庁長官官房（現在の防衛省大臣官房）広報課で積極的な対外広報を担っていた1992~93年当時にゴジラ映画への全面協力体制が始まり、その成果が今回の最新作に結実した」――そう感想を述べた。

そして「本作のリアリズムは徹底している。少なくとも自衛隊に関するかぎり、日本映画史上最高のリアリティと断じて間違いない」と評価する。

「『図解絵本　工事現場』の溝渕利明教授、モリナガ・ヨウ氏に聞く」という山中浩之の記事では、横渕教授が作中の重機について、ツッコミを入れていて、面白い。

溝渕　一瞬、瓦礫をどかすホイールローダーが画面に出ますが、戦車にドーザーをつけたのくらいでないとビルの残骸は除去できないし、あの台数ではどう見てもビルを倒したあと、悪路走破性はなきに等しいポンプ車やタンクローリーが走る道は空けられないでしょう。〔…〕ついでに言うと、現場にポンプ車のアームが林立していましたが、アウトリガー（車体を安定させるために横に張り出す脚）を展開するにはあんなに寄せてはいけません。もともと、広い場所が必要なので工事の際も気を遣うところです。今回は緊急事態なので四の五の言えないんですけど、事故が起これればヤシオリ作戦自体が失敗になるので、もっと間隔を開けたいですね。さらについでに言えば、走りながらアウトリガーを展開してはいけません。危険です。

これらの意見は、当事者や、周辺で取材をしている専門家たちによる『シン・ゴジラ』の虚構と現実をきちんと腑分けしようとする作業として大変興味深い。

何が、そこまで彼らを「腑分け」に駆り立てるのだろうか。

ゴジラ対現実II

イデオロギーと『シン・ゴジラ』

ここまで見てきたのは、当事者が、実体験や取材に基づいて、『シン・ゴジラ』という「虚構の中の現実」を探るものだった。
しかし、本作は、安倍首相の発言に象徴されるように、現実への影響を意図して言及される場合も多い。前掲「ゴジラ退治に、自衛隊は「防衛出動」できるか」は、先の発言のあとに、このように続く。

ゴジラで防衛出動が許されるなら、「存立危機事態」でも出動できる（よう法整備した）のは至極当然である。もしゴジラ来襲で超法規的出動が許されるなら、国民の生命が根底から覆される明白な危険のある場合（存立危機事態）の出動は当然であろう。だが、後者を護憲派は「戦争法案」と呼び、「立憲主義が揺らぐ」と非難し、「徴兵制になる」と扇動した。だがゴジラなら誰も超法規の出動に異を唱えない。これまでの議論は何だったのか（詳しくは9月刊の拙著『そして誰もマスコミを信じなくなった』飛鳥新社）。

ゴジラで防衛出動が許されるなら、集団的自衛権の行使に加え、防衛出動が発令される前に奇襲を受けた場合の個別的自衛権（武力行使）も当然行使できる。だが、奇襲を受けた際の超法規的行動に言及した自衛官のトップ（栗栖弘臣・統合幕僚会議議長、当時）は罷免された。たとえ外国軍の奇襲を受けても超法規的行動が許されないのなら、ゴジラ来襲での超法規的出動も許されないはずだ。憲法と自衛隊を巡る戦後日本の議論は、いったい何だったのか。強い疑問を禁じ得ない。
『シン・ゴジラ』を論じるだけでなく、「緊急事態法案」や「超法規的出動」の必要性を読者に訴えかけている。作中のゴジラに超法規的行動が許されるのなら、現実の自衛隊も、侵略してくる外国軍に対して超法規的行動が許されるべきだという、虚構と現実の位相の違いを意図的にか、無意識的にか、スライドさせるロジック（あるいはレトリック）が用いられている。

政治的主張としては「護憲派」を批判し、緊急事態法案の必要性を擁護する立場の内容を『シン・ゴジラ』にかこつけて述べていることは確実であろう。

政治的な主張を行うために『シン・ゴジラ』を利用した例は少なくない。産経ニュース二〇一六年八月一一日の「【阿比留瑠比の極言御免】映画「シン・ゴジラ」に平和ボケ・日本の縮図を見た！」もそのひとつだ。

安倍晋三首相も別荘で休養中だしと、夏休み気分で見たその映画のエンドロールには、取材協力者として「枝野幸男」、「小池百合子」という名前が記されていた。これは官房長官経験者の民進党の枝野幹事長と、防衛相経験者の小池東京都知事のことだろう。現在公開中の「シン・ゴジラ」の話である。〔…〕

「夢ではなく現実を見て考えろ」

官房長官代理がこう周囲に諭すシーンでは、今そこにある安全保障上の危機から目をそらしつつ、実現不可能な理想論ばかり振りかざす一部議員やメディアを思い浮かべた。

また、この映画は国際関係もうまく取り入れている。国連安全保障理事会の決議も出てくるし、日本政府高官が米国の横車に不快感を示しながら、「属国」だからと半ばあきらめて従おうとする場面もある。

「危機というものは、日本ですら成長させるものだな」
米政府高官らしい人物が、こう冷笑的に語るところでは、本当にそうであってくれればよいがと真剣に考えた。と同時に、米国の善意もすくいとっている。〔…〕
「自衛隊は、この国を守ることができる最後のとりでです」
防衛費を「人を殺すための予算」と言い放ったどこかの議員にこそ、見てほしい映画である。
（論説委員兼政治部編集委員）

「防衛費は人を殺すための予算」と発言したのは日本共産党の藤野保史議員である。その発言に対する揶揄と、「防衛費」の必要性の訴え、「自衛隊」の賛美、「米国の善意」の強調。

この文章は明らかに政治的なイデオロギーを帯びている。『シン・ゴジラ』論とは、そのような磁場を帯びやすい。そうなるのは、この『シン・ゴジラ』という作品が、鑑賞者の「虚構と現実」の感覚を揺さぶることに成功したからである。

ある言説は、社会に流通することで、感性・認識を変容させ、政治や現実を変える可能性がある。民主主義の世界では、個々人の些細な変化が、大きな全体の政治に影響を与える。

あるイデオロギーを流通させる意図がとりわけ強いものを「プロパガンダ」と呼ぶ。『シン・ゴジラ』という虚構は、現に見たように、現実を変革するための「プロパガンダ」の素材として利用されている。

そして、プロパガンダ的に機能する『シン・ゴジラ』に対する批判の声も挙がっている。

プロパガンダと『シン・ゴジラ』

プロパガンダ研究を行っている辻田真佐憲は、『現代ビジネス』の記事「『シン・ゴジラ』に覚えた〝違和感〟の正体〜繰り返し発露する日本人の「儚い願望」」でこう述べた。

劇場などに貼りだされている『シン・ゴジラ』のポスターには、「現実《ニッポン》対虚構《ゴジラ》。」という印象的なキャッチコピーが書かれている。

実際には、ゴジラのような生命体が日本を襲うことなどありえない。たしかにこれは、まったくの虚構だ。だが、それと同じくらい、挙国一致し世界に実力を見せつける日本というのもまた虚構なのではないか。願望の発露といってもよい。

それゆえ、本作の内容を正確に反映するならば、「願望《ニッポン》対虚構《ゴジラ》。」とでもいうべきであろう。

政治学者の片山杜秀は、『ウォールストリートジャーナル日本版』の記事「「シン・ゴジラ」が描く日本のナショナリズム」に「今の日本の状況とあまりにも重なるところが多い」と、コメントを寄せている。

前出の片山教授は「シン・ゴジラ」が「日本がんばれ、まだまだいけるとか、アメリカの属国でもあくまで日米手を携えてがんばっていきましょう」というような感情をかき立てたと話す。そうした感情は「岸・安倍路線」に通じると片山氏は言う。岸・安倍路線とは、安倍首相と祖父の岸信介元首相のナショナリスト的傾向を指す。

映画の序盤はドキュメンタリー作品のようにリアルな描写が続くが、次々に事件が起きて官僚が日本を救うために従来の制約と決別せざるを得なくなる後半では、リアリズムは影を潜める。片山教授は後半のシーンについて、憲法改正により緊急時に政府に特別な権限を与えるべきとの保守派の主張を支持することになりかねないと話す。この映画には「危機的なときに民主的手続きをやっていたら間に合わないというメッセージがある」と片山氏は語っている。

安倍政権が憲法改正を目指し、その草案に「緊急事態条項」があることを鑑みると、『シン・ゴジラ』が「危機」を体感した観客に「緊急事態条項」の必要性を訴えかけるプロパガンダとして機能しかねないという片山の危惧は正当だ。

憲法改正を目指す自民党の「日本国憲法改正草案」を実際に見てみると、新設される緊急事態条項は、第九十八条、第九十九条にある。

第九十八条、1項「内閣総理大臣は、我が国に対する外部からの武力攻撃、内乱等による社会秩序の混乱、地震等による大規模な自然災害その他の法律で定める緊急事態において、特に必要があると認めるときは、法律の定めるところにより、閣議にかけて、緊急事態の宣言を発することができる。」

(自民党ホームページより)

「自然災害」と「外部からの武力攻撃」と「内乱等による社会秩序の混乱」は、質的な差が大きいのに、

「緊急事態」として一括りにされてしまっている。自然災害に対する緊急事態条項の必要性は国民の理解を得やすいだろうが、たとえばもし仮に日本がとんでもない独裁国家になってしまい、それに反逆する人々が出現する状況（内乱等）も「緊急事態」と看做してよいとすることにまで同意できるだろうか。九十九条は、より問題があると指摘されている。

3　緊急事態の宣言が発せられた場合には、何人も、法律の定めるところにより、当該宣言に係る事態において国民の生命、身体及び財産を守るために行われる措置に関して発せられる国その他公の機関の指示に従わなければならない。この場合においても、第十四条、第十八条、第十九条、第二十一条その他の基本的人権に関する規定は、最大限に尊重されなければならない。

基本的人権の尊重が明記されているが、国民が「指示に従わなければならない」とされる。それが、どの程度のことになるのか。両者が相克する場合に、どちらを優先することになるのかがはっきりしない。また「4　緊急事態の宣言が発せられた場合においては、法律の定めるところにより、その宣言が効力を有する期間、衆議院は解散されないものとし、両議院の議員の任期及びその選挙期日の特定を設けることができる。」に関しては、緊急事態の宣言をしたことにより、衆議院を解散しなくてよくなるということからの当然の帰結として、政権を維持するために「緊急事態」を作り出すというテクニックが使えるようになってしまう（歴史的に実際にそれは行われてきたことなのだから、杞憂ではあるまい）。

ツイッターと『シン・ゴジラ』

批評家の杉田俊介は、『シン・ゴジラ』について、ツイッターで痛烈な批判を行った（ツイッターの発言は、そのまま表記したことをおことわりしておく）。

『シン・ゴジラ』は一番作っちゃいけない作品だったのでは。政権批判の意図があるのだろうけど、「合理的で外交力があり命懸けで専門的分業を行う強い日本人」がそんなに理想なのか。オタクや映画人集団が、なぜエリートや霞ヶ関や自衛隊ばかりに夢を託すのか。民衆や東北や犠牲者の目線がなぜ薄いか。

（杉田俊介 @sssugita 2016-08-03 17:03:12）

自分たちの性格や体質や組織をどう改善するのか、どうすればましになれるのか、という痛みのある考察や苦闘の痕跡がなく、意識改革さえすれば元々ポテンシャルはある、「この国はまだまだやれる」、「この国は立ち直れる」という日本人＝日本国家への信頼と鼓舞ばかりが語られ、不気味だった。

（杉田俊介 @sssugita 2016-08-03 17:21:04）

しかし、『シン・ゴジラ』は優秀な技術者やエリート（クリエイターの暗喩）を礼賛し、明らかに大衆感情やポピュリズムを衆愚的に嫌悪して見下している映画だと思うのだけれど（それは庶民の死体を殆ど映さず数値的に処理する演出からも言える）、どうしてこれだけ熱狂的に受け入れられているんだろう？

（杉田俊介 @sssugita 2016-08-03 17:51:38）

『シン・ゴジラ』は、ニュータイプの国策映画の時代のはじまりを告げる記念碑的な作品じゃないかな。僕は普段、こういう言い方をしないけど、誰がどうみても政治的な（無意識の）イデオロギー映画であって、311後の疲弊や現政権への不安や期待をひそかに養分にして、熱狂的に褒めそやされている。

（杉田俊介 @ssugita 2016-08-03 18:21:16）

これが「『シン・ゴジラ』は一番作っちゃいけない作品だったのでは」いうタイトルでTogetterにまとめられた。三〇万近いページビューと、六〇〇を超えるコメントが寄せられた。以下、主だったものを見てみよう。

映画と現実の区別が出来ん奴か。

（オペル・シグナム @StrikerS_Signum 2016-08-04 09:52:29）

イデオロギーに染まると人生が楽しめなくなる見本まとめ。

（ライカ @kait8823 2016-08-04 10:13:54）

ここにもポリティカルなメッセージを読み取っちゃう人が。監督と総監督ってそういうのからもっとも程遠い人たちだと思うがなあ、単に自分たちが見たい、かっこいいと思ってるものを撮ってるだけで。

（やらかど@やらか堂 @yarakado 2016-08-04 10:25:48）

なるほど。これが虚構と現実の区別がつかない人か。こんなの本当にいるんだな。そして想像していたより大分ひどい。

（ナナシ @nanashist 2016-08-04 10:41:46）

有能な官僚や自衛隊にキレる。って最近だとGATE～自衛隊彼の地にて斯く戦えり～でも馬鹿パヨクがぎゃあぎゃあ湧いて反発されてたなあ。いい加減この手のけち付けは身内以外では敵しか作らんと学習しろよ無能どもｗｗｗ

（大韓朝帝国皇帝王 @DAIKAN_CHO 2016-08-04 11:28:37）

イデオロギーに振り回されすぎて見誤ってると思う。シンゴジラはまず大前提としてエンターテインメントとして成立することに注力している。その上で庵野氏個人の震災を通した素朴な思いが込められている。それはイデオロギーとか以前の、ただ「人間」に向けられた非常に素朴なものだ。それが評価されている。

（根性ロン @konjo_ron 2016-08-04 13:26:14）

これさあ、GATEってアニメの批判の時にも思ったんだけど、左翼が「東北の目線でゴジラを倒す」って映画作れば済む話でしょ?なんで作らないのかな?

（Hoehoe@baisetusai 2016-08-04 14:48:32）

ゴジラがまるでトランプ氏のように見えた、とか言い出す奴絶対出るで。この人たちは宇宙怪獣と酒飲んで仲良くなるか憲法9条を掲げると宇宙怪獣が土下座して帰っていくかでないと満足しないもん

（Hoehoe@baisetusai 2016-08-04 14:50:50）

庵野の作品に何らかのメッセージ性を受け取るのは自由だけどあの人は多分作りたい絵があるだけで伝えたい政治思想や宗教ないし哲学的メッセージはないと思うんですよね。っていうか非オタがメッセージ性とか何かを仮託しているとか言うのはともかくもう20年以上彼に付き合ってきたオタク連中はエヴァ以降の考察ブームからどんだけ経ったと思ってるんだよいい加減にしろよとw

（やましょ @kkr8612 2016-08-04 15:05:42）

日本が活躍すると恥ずかしくなっちゃう病気、通称中二病。

（ate9@date911 2016-08-04 16:59:23）

難しいことは言わないけど「自衛隊恰好いいじゃん！」「政治家も官僚もやればできるじゃん！」「日本人はまだまだ終わらんよ！」っていう映画をなんで作っちゃいけないの？日本人は邦画にカタルシスを得てはいけないのか……

（ときを @yuubisharukana 2016-08-04 19:32:12）

「シン・ゴジラ」の日本はある程度強い日本として描かれるが、俺の知る限り「この国が強いと許せない」人というのは主に左翼界隈で何人かいたように記憶している。「私は強い国家を認めない」というのも聞いた。それでこの記事である。まぁ察するところはある。

（「Deadbody」はづきち @wolfhearts_t23s 2016-08-04 19:55:36）

「俺達日本はまだやれる!どんな困難からも立ち上がれる!」ってのがなんでダメなの?僕らは日本人でしょ。何がいけないの?全然わかんない。

(アルミ缶 @toolazytobegood 2016-08-04 20:57:05)

娯楽映画をクソみたいなイデオロギー論で語る奴は日本から出てけと思いました(小並感)

(遮光昏人 @KREHITO 2016-08-04 21:11:54)

本日の「キチサヨの寝言」まとめ

(イエーガー[V8を讃えよ!] @Jaeger75 2016-08-04 22:05:50)

ああ、そうか分かった「左翼にとって〝一番作ってほしくない映画〟だった」と読み替えればいいのか。ちゃんと国会前で無意味なデモ集会やってるシーンまであったのに左翼はまだ出たりないのかねぇ、だったら次回作は「話せばわかる」ってゴジラの前に立ち塞がってそのまま虫のように踏みつぶされるシーンでも作ってもらえば良いんじゃね?

(イエーガー[V8を讃えよ!] @Jaeger75 2016-08-04 22:18:48)

ああもしかしてクソ面白かったけどシンゴジラが流行られたら自分達の思想としては困るってことかいな庵野さんはそんなイデオロギーみたいなの考えて入れてないから大丈夫よ。で、結果的にプロパガンダ映画になってたとしても悔しかったら左翼的な映画で面白いの作ってみろよ。お前にそんなこと言われようと面白けりゃ見るから。止めようがないから。

(電子馬 @Erechorse 2016-08-05 00:35:26)

んなこと言ったって賛同して見ない奴は左翼（というよりゃパヨクか?・）の人間だけ。内輪だけ見て喜ぶのも良いが、そろそろ現実見たらー？

（電子馬@Erechorse 2016-08-05 00:38:13）

こういう「反権力病」の人は、鳥越候補をはじめ、都知事選でたくさん見ましたねぇ。まず「現代において、何が権力か」を考えたらどうかな。脳が1970年代から進化してない、哀れな人たちは

（ChanceMaker@Singulith 2016-08-05 01:07:53）

どうしろと言うのか。政治家や自衛隊が無能でそのままゴジラに蹂躙され続け、民衆が苦しみ続け政権への怨嗟の言葉を吐きながら死んでいく映画にしろと言うのか。それともSEALDsやCRACの様な市民団体がゴジラと酒を酌み交わし仲良くなれば良いのか。そもそも、これが右寄りの思想によって作られたからと言って、作ってはいけないなんて事はない。同様に左も反政権エンタメを作れば良いのだ。

（野良猫に襲われる@damaten 2016-08-05 01:34:12）

こういうキチガイパヨクが顔を真っ赤にして怒り狂うという事はシンゴジはそうとうによくできているのだろうなぁ。

（muramasa@muramasa931 2016-08-05 01:44:12）

以上をまとめると、①「映画と現実の区別ができていない」という揶揄、②「左翼」を批判するコメン

ト、③「単なるエンターテイメントなのでイデオロギーを気にする必要はない」という意見にまとめられる。
しかし、現実と虚構を分けることが可能であるということを、彼らは、なにを根拠に述べているのだろうか。イデオロギーから自律したエンターテイメントが存在しうると、いつ証明されたのだろうか。論証・証明・根拠なく主張しているのであるとするならば、それは「常識」、「当たり前」として身に沁み込んでしまったイデオロギーか、信仰に他ならない。
「現実と虚構を分けることができる」、「エンターテイメントはイデオロギーから自律して楽しめる」という根拠なき思い込みこそが、左・右の問題を超えた、問題性を抱えたイデオロギーなのである。
杉田はこうも呟いている。

『シン・ゴジラ』について批判的なコメントをしたら、激怒した批判者たちが——なぜか政治家・官僚・自衛隊・監督たちの目線に極度に同化（一体化）している——押し寄せてきて、中々興味深いんだけど、そのうち「『シン・ゴジラ』を批判する奴らは非国民」「日本から出てけ」とか言われそう
（杉田俊介 @ssugita 2016-08-04 10:57:34）

……

この「作品との一体化」をする鑑賞者が多く存在していることは、『シン・ゴジラ』に限らない現代の病である。この問題は、第五章で詳しく検討することになるだろう。
確認して欲しいのは、これが『シン・ゴジラ』を取り巻く、ネット上での言論環境であるということで

・主人公は「日本」と「日本人」→「シン日本」
・84年版ゴジラに回帰しつつも、3・11以降の核と対外事情（アメリカ）の関係を再構築
・「未来は暗い。絶望が支配するこの国。だが、我々はそれでも生きていかなければならない」
↓
ゼロ年代以降の邦画、アニメの総決算的内容

ある。このような環境を視野に入れて作られた作品である『シン・ゴジラ』を理解するには、この反応をも考察の対象にする必要がある。

『エヴァンゲリオン』世代と『シン・ゴジラ』

一方、『新世紀エヴァンゲリオン』直撃世代（かくいうぼくもそうである）はどう観ているのか。

一九八二年生まれの古谷経衡は二〇一六年八月四日に放送された『モーニングCROSS』で、「人生に影響を与えた」作品として『新世紀エヴァンゲリオン』を語ったのち、「『シン・ゴジラ』の描きだしたもの」をこの上掲表のように図説した。

『新世紀エヴァンゲリオン』を、作中人物と同じ一四歳前後に観た一九八二年生まれのライター・作家の前島賢は、素直には評価しきれないことをツイッターで表明している（以下、すべてツイッターアカウントMAEJIMA Satoshi@MAEZIMASより）。

「自意識の物語のエヴァ」で95年に時代と寝た庵野が、「国家の物語のシン・ゴジラ」で16年に再び時代と寝たってことか……しかし、そうするとますます『EOE』原理主義者として『シン・ゴジラ』にのるわけ

に行かなくなってきたぞ……
posted at 02:10:56

95年「エヴァを見て文学性だとか哲学性だとか言っているヤツは間違っている。あれは何よりカッコイイロボットアニメなのだ」
16年「シン・ゴジラを見て政治性だの3・11以後とか言っているヤツは間違っている。あれは何よりスゲェ特撮なのだ」
……これが庵野作品だ、これが庵野作品なんだよ!!
posted at 14:24:10

『ヱヴァ破』の時に「旧作のシンジ君みたいにいじけていちゃダメだ!立ち上がろう!」とか言い出していた人たちが『シン・ゴジラ』を見て同じようなことを言っているのを見ると、7年前に立ち上がったんじゃないのかよ。また立ち上がるのかよ、7年間も屈伸運動してたかよ……と思うEOE原理主義者です
posted at 16:15:04

「『破』で立ち上がったけど『Q』で膝を折られたから『シン・ゴジラ』でもう一回立ち上がる必要が出てきたんだろ」の声を多数頂く……そうですよね、人の膝を折りながら、立ち上がれと言いに来る、この「おまえが言うな」感こそ庵野作品ですよね……orz
posted at 16:35:06

しかし『シン・ゴジラ』においては、日本の力というのは「強いリーダー」ではなく「現場のがん

ばりと集団作業」にあり、具体的には徹夜と泊まり込みと決死隊なわけで、あれを長時間労働賛歌と捉えるのはごく自然のことだと思うんだが。というか、僕自身はそう捉えたので、のれなかったところはある。

posted at 00:58:56

『シン・ゴジラ』、後半は庵野監督のアニメづくりの現場での経験が反映されているのだろうという意見を多数頂いたし、僕もそう思う。そりゃー俺だって、庵野監督に「おれのために死んでくれ」と言われたら「はい！」と言っちゃうよ。でも、政治家は口にしちゃダメな言葉だと思う。

posted at 01:58:04

『シン・ゴジラ』に乗りきれない一方で、『君の名は。』に涙する夏を迎えてつくづく思い知ったのは、人間自分の興味のないものはどれだけ雑に扱われようともまったく平気だが、自分のこだわりのあるものがないがしろにされるのは許せない、というまったくもって当然の事実であった……。

posted at 18:37:28

『シン・ゴジラ』の「実務と行動」と『君の名は。』の「無策な祈り」を対比させるところなんかも最高すぎる。最高すぎるが、それはまさに「行動力ゼロの新海先生」以上に俺が行動力ゼロのセカイ系野郎だから『君の名は。』に惹かれるということでもあり、なかなか頭が痛い……でもしかたないじゃないか！

posted at 19:13:15

同じく一九八二年生まれのライター・編集者である飯田一史は、「自意識」の物語への拘りを切断し、決断主義的に『シン・ゴジラ』を評価している。「村上龍最良の後継者であり震災後文学の最高傑作としての『シン・ゴジラ』」で、飯田はこのように言う。


目線の高さが違う。

手近にいる人間を攻撃し、政治家や役所が、誰かがなんでもやってくれるという前提で文句を垂れるだけの醜さがない。

そこにあるのは高潔さと責任を取る覚悟である。

『シン・ゴジラ』の主役である矢口蘭堂は、役柄では官房副長官だが、有事に対して果たした役割で言えば、3・11において最前線で指揮を執った吉田昌郎福島第一原発所長に相当する。

船橋洋一が官邸や東電周辺に取材した『カウントダウン・メルトダウン』などの震災ノンフィクションには、東電中枢からの圧力をはねのけながら、最悪の事態を想定し、しかしそれを阻止すべく福一の現場を指揮した吉田所長と「指示があればわれわれはどこへでも行く」と決然とした態度を貫く自衛隊の姿が描かれている。

責任を逃れ、情報を隠蔽しようとする東電幹部、意味もなく現場に入りたがり、母校である東工大の専門家だけを信頼し、人の話に聞く耳をもたない総理大臣・菅直人、死の恐怖と責任問題を回避したいという気持ちから及び腰になる複数の勢力が跋扈するなか、彼らの尽力がなければ原発事故は現状のような程度では済まず、おそらく東日本は大規模に壊滅していた。あのときふんばった人間たちを『シン・ゴジラ』はあきらかにモデルにしている。〔…〕

庵野秀明『シン・ゴジラ』はそのすべてを引き継ぎ、昇華させた。『シン・ゴジラ』に登場する専門家集団「巨災対」がそれでなくてなんだろうか。あの作品において、責任を背負い、日本の荒廃を食い止めんとする大人たちの姿は、今を生きるわれわれに、そして次世代に「希望」を示す。[❖1]

『新世紀エヴァンゲリオン』に強い影響を受けた書き手たちの反応や評価はバラバラである。

しかし、彼らには、共通点がある。

古谷は「絶望」、前島は「自意識」、飯田は「決断」や「希望」など、それぞれある意味で「論者」である以上の主体の実存ともいうべき側面で受け止め、全身で反応しているのだ。中・高生時、『エヴァンゲリオン』に実存的に揺さぶられ、人格形成にまで影響を受けた〝エヴァ〟世代特有の受け止め方なのかもしれない。

この受け止めかたは、後に紹介する、二〇代の若者が中心であるＳＥＡＬＤｓの見解と対比することで、その違いが明確化する。

ゴジラ対現実Ⅲ

富野由悠季・赤井孝美と『シン・ゴジラ』

現在出ている『シン・ゴジラ』論を通覧して分かるのは、『シン・ゴジラ』とは、単なる映画であるにも関わらず、「現実」のことを論じているような議論を極めて喚起しやすい作品である、ということである。

これを分析するには、二つの観点を往復する必要がある。ひとつは、「虚構」と「現実」の関係を混濁させる効果を観客に対して持ってしまう『シン・ゴジラ』の作品に内在する性質。もうひとつは、そのような語りが発せられる現実の政治的コンテクスト。この二つを同時に見なければ、『シン・ゴジラ』は見えてこない。

長年にわたってアニメの制作に携わってきた者の方が、虚構と現実の峻別に鋭い目を持っていることは「現実《ニッポン》対虚構《ゴジラ》。」というコピーが付けられた本作に挑戦するためには、まずは、ネットなどの無数の言説の収集とその分析・吟味のプロセスが必要なのだ。

ガンダムシリーズで有名な、アニメーション作家の富野由悠季は、『キャラクターランド Vol. 9』付録「シン・ゴジラとは何か?」におけるインタビューで、こう語る。

特筆に価する。

❖1　飯田一史と筆者とは、ネット上で、時事文化放談（エキサイト）の連載を持っており、『シン・ゴジラ』についても対談を行ったが、意見が完全に割れ、激論になった。よろしければ参照していただければと思う。

あれは本当のリアルではない。ゴジラという侵略に対して自衛隊が対処するというあの設定は、あくまでもローカルな発想で、今の日本に流れている言説に左右されるリアリズムの都合のいい部分だけを使っています。〔…〕観た者にあれがリアルであるという錯覚を起こさせます。（P8）

リアリティの仕組みについて、ガイナックス設立に参加した赤井孝美も冷静に判断している。

みんなリアルだって言いますが、戦争映画だったらリアルに見えなかったはずです。怪獣に対して戦う戦車隊のイメージを観客それぞれが事前に見積もっていて、それを上回っていることで、「想像していたよりもリアル」ってなったんですよ。（P4）

彼らの発言は、虚／実の境界線上を見るうえでの、「解像度」が高い。

見習うべきは、むしろ、「虚構の作り手」側にいるはずのこの二人のような、「虚構と現実」の境界線をはっきりと見て語る解像度であり、その帯域の丁寧な腑分けである。

「虚構は虚構」、「現実は現実」と素朴に分けて考えることはもちろんできないが、「現実が虚構になった」、「虚構が現実になった」、「虚構と現実が重なった」、「拡張現実になった」というような単純な理解でもまた見落としてしまうものがある。

輻輳し、入れ子や斑状になった「虚構と現実」の細部を、解像度高く分析する必要がある。

国会前デモと『シン・ゴジラ』

『シン・ゴジラ』の中で、現実で行われている、震災以後の国会前のデモを模したシーンがある。民進党の参議院議員・有田芳生は二〇一六年一〇月五日のツイッターで、この箇所に反応した。

「シン・ゴジラ」は日本の政治が危機管理にどう立ち向かうかをリアリティをもって描いています。自衛隊の攻撃力、政治家の本音、官僚の状況対応力なども関心を引くのでしょう。「ゴジラを倒せ」のシュプレヒコールが国会正門前の大群衆から発せられるシーンが安保国会をイメージしたことは確実です。

この箇所の聞こえ方は、人によって様々である。字幕上映では「ゴジラを守れ」か「ゴジラを倒せ」の二種類が表示される。「ゴジラは神だ」と聞こえたという声もある。意図的に複数の音声を重ねていることは確実なようだ。

このシーンは、現実における、反原発デモの「再稼動やめろ」や「戦争反対」や「安倍はやめろ」などのシュプレヒコールを想起させることは確かだ。この声が、睡眠不足で頑張っている巨災対の人々を妨害するように描写されているように見えることから、このシーンはそれらのデモに対する批判的なシーンであると受け取る言説がネットを中心に多く発せられた。

しかし、果たして本当にそれはそう受け取るべきシーンなのだろうか？

この考えに疑問を持ったのは、国会前のデモに参加し、ハンストすら行った若い学生の友人に、『シン・ゴジラ』の感想を聞いたときだった。彼は、自身が揶揄されていると世間では思われているこの映画に不快感や反撥を示すのではないか。そのような予断に反し、彼は「二回観に行った」と言うのである。

しかも、ぼくが、「最後に動かなくなったゴジラをみんなでボコボコにするのは卑怯だ」と言ったところ、「何言ってんですか」的なノリで、日本政府側に立った発言をする。

「ええー、お前、国会に文句言っていたじゃん、国家に刃向かっていた側じゃん、当然ゴジラに感情移入するだろ、なに日本政府に感情移入してんの、お前おかしいじゃん」と言いたい、その心からの突っ込みの言葉をまずは冷静に飲み込み、ぼくはこの若い世代の感性と内面を深く理解してみようと努力してみることにした。(同時に、ゴジラ側に感情移入して、東京と日本を全部焼き払え!的なノリになっている自分の方がおかしいのではないかとも疑いつつ)。

そもそも、東日本大震災後に頻発しているデモは、〝革命的〟な「破壊」を目的としているわけではないし、国家の廃絶も目指していない。「憲法を守れ」、「民主主義を守れ」という彼らがかかげる標語すら、今や雇用政策など、ともすれば「リベラル・左翼」っぽい現政権と比較した場合、「保守」の色合いが強い。原発を止めろという発言も、生活保守的な心情に根ざしている。非正規雇用などの労働問題においても、結婚して子供を作れるような、安定した未来を彼らは求めているのであった(ここでは、SEALDsの一連の著作や、笠井潔・野間易通『3.11後の叛乱――反原連・しばき隊・SEALDs』、その他ネット上の無数の発言を参照している)。

つまり自分たちの生活の、安全と幸福を守るということを願っていたのだから、ゴジラが襲ってきた場合、守ってくれる存在である「日本政府」に肩入れするのは当然のことなのだろう、と考え、理解はしたものの、少し、寂しく思った。

たとえば、一九六八年の学生叛乱においては、あらゆるものを焼け跡に戻してしまいたいというアナーキーな衝動があったと、押井守や笠井潔は語っている（『創造元年１９６８』）。だが、少なくとも目の前にいる、このハンストを国会前で敢行した青年には、その衝動はないようだ。それは、震災後に活発化したデモと、六八年との理念の差を明確に示しているように思われる。

ただ、彼の高揚と共感を見ていて、日本政府側に感情移入する理由は、そのような単純なことだけでもないような感じがした。それは、何度かデモの現場に足を運んで、「参加」、「見学」したぼく自身の体感からも、語りうることである。

「発声上映」、「応援上映」が、今回のゴジラにおいては特徴的な上映方法として行われた。スクリーンで上映される映画に対し、ファン達が声を出して「ゴジラガンバレー」と言ったり、作中の人物の台詞を一斉に発したりするのである。その体感と、国会前でデモをする行為の快感が、似ているように思うのだ。

この上映形態そのものは、『シン・ゴジラ』が初めてではない。アイドル系のアニメや、ライブビューイングなどで、映画劇場というものが、「体験」の施設としての新しい形態に移行してきた。生で行われるライブが映画館で上映されて、声を出すのは、まだ分かる。しかし、録画のものや、アニメにまで声を発するのは、何故だろうか。そこで声を出して届ける相手はいるのだろうか。いるとすれば、自分自身と、観客のみである。架空の存在にも届くというあたかも祈りのような形而上的な要素もあるかもしれないが、そこを無視し、即物的に言えば、自分と他の観客による、「発声」の共有という現象しか起こらない。

しかし、これが重要なのである。

「発声」を劇場で他の観客と行うというのは、当たり前だが、自分で声を出す。ネットに文字を書くのとは違う身体の使い方がある。そして、生身の人間により現実空間を共有している。そこに生じる様々なノンバーバルなコミュニケーションがある。そして、時間的に同期することにより、その空間の観客たちに情緒的な一体感（の錯覚）が生じる。

これは、あまりにもたくさんの登場人物がゴジラに対峙する『シン・ゴジラ』の内容と、対応していないだろうか。観客の視聴スタイルの変化が、「特定の主人公を中心にしない」作劇にも影響していると考えるほうが良いのではないか。そして、この劇場の「体験」性への移行は、国会前でデモをする人たちと同じ感性的な基盤を共有している。

それは何か。

何かに対し、声を発し、生身の身体で空間を共有し、情動的に一体となる悦びである。

国会前に限らず、ぼくは、震災後のデモにおいて、そのイデオロギー的な側面とは別に、このような「快楽」が人を駆動していること、それが間違いなく自分の中にも生じていることを感じた。そしてそれはおそらくは、あまりにも「情報社会」、「ソーシャル」などのヴァーチャルに比重を置きすぎたゼロ年代に対する反動として、「生身」、「現実空間」、「情動」への飢餓が高まっているせいかもしれないと考えた。

これに似た見解を、パブロ・エルゲラは『ソーシャリー・エンゲイジド・アート入門――アートが社会と深く関わるための10のポイント』で語っている。

「ソーシャル・プラクティス」という言葉が、新しいオンライン・ソーシャル・メディアとまったく同時期に登場し、使われるようになったのは、今日的意味がある。この並行関係はさまざまに解釈できる――新型のSEA〔社会参加型の芸術〕が次々生まれているのは、おそらくコミュニケーションの新たな流動性から触発されたものだが、別の見方をすれば、ヴァーチャルな出会いの希薄な特性への反発、つまりパーソナルでローカルなものが支持された結果ともいえそうだ。最近のSEAの形は、今日の世界が相互につながっていることへのレスポンスであると同時に、そのつながりをヴァーチャル・インターフェイスに頼らない、より直接的なものにしたいという願望の結果であると考えられそうだ。（P54）

おそらくこれは日本だけの現象ではない。芸術と政治を貫通して起こっている変化だろう。日本で流行している「地域アート」なども含めて考えるべき、同時代に起こっている巨大な感性的なパラダイムシフトだろう。❖2

『シン・ゴジラ』という作品における日本政府と、それを観ている観客と、国会前でデモをしている人々とは、表面上、イデオロギー的に対立しているように見えるが、深い、同時代的な感性的なものを共有している。そのことを示すウインクとして、あの国会前のシーンを受け取るほうが生産的ではないだろうか。その証拠として、首都圏反原発連合、レイシストをしばき隊などの、実質的なリーダーであると目され

❖2 『すばる』二〇一七年二月号掲載の拙稿「関係性の時代」、編著書『地域アート――美学／制度／日本』（堀之内出版、二〇一六）を参照してほしい。

ている野間易通の発言があげられる。彼と笠井潔との往復エッセイ『3.11後の叛乱――反原連・しばき隊・SEALDs』の中で、新しい社会運動の性質を以下のように語っている。

オルグが本来的にそうした性質を持つものであるならば、たしかに「しばき隊」にはオルグは存在しないだろう。そもそもオルグのための「教義」、すなわち左翼セクトでいう理論書といったものがない。「3.11後の叛乱」が始まってからすでに5年が経過しているが、これを「指導」する統一的な理論書というものは書かれていないし、これからも書かれないのではないか。

ここで間違ってはならないのは、理論書はなくても理論は存在しているということである。それは、広大なネット空間上の不特定多数の人々の言葉による不定形なものとしてそこにあるのであって、もしこれがひとつの理論書にまとまるとすれば、それこそ「運慶的な技術性」によって、誰かの創造物ではなくもともとそこに存在しているものを木から削り出すような作業になるのではないかと思う。

（P219）

つまり、権力集中型ではなく、ネットワーク型の創造性こそが、国会前や官邸前のデモにおいて重視されていた。これは、『シン・ゴジラ』の、後半以降の日本政府のあり方と酷似している。主役や英雄が活躍するのではなく、大勢のネットワーク上の協力や参加こそが、現実を変える政治的な力を発揮するという点において、『シン・ゴジラ』後半の日本政府は、むしろ、3・11後の叛乱が革命を成功し、政権を担うようになった状態を描いているとすらいえるのではないか？

集団の中から「削りだす」という性質は、庵野秀明という作家の、「作家性なき作家性」とでも呼ぶべきものとも通じ合っている。九五年の『エヴァ』に熱狂した身からすると、二〇年経過した現在の、庵野監督の「時代」への応答の能力には、驚愕させられた。そして、認識を改め、腑に落ちた。庵野監督の「作家性」というものがもしあるとすれば、「同時代の空気を映像化する天才的な才能の持ち主」であるということなのではないか。

それは、「誰かの創造物ではなくもともとそこに存在しているものを木から削り出すような作業」(野間易通)に近い。過去の作品の蓄積などを踏まえ、同時代の空気を鋭敏に感じ取り、作品に造型する。庵野秀明とは、そのような「作家性なき作家」として驚愕すべき能力を発揮する人間であるとよく分かった(その性質を指して、庵野自身を「空虚な器」に喩える者もいる)。作品はコラージュ的であると同時に、同時代的であるが、同時に作家性の中心は空虚である。

空虚であるがゆえに、敏感に作動するアンテナが同時代や参照すべき過去の作品を呼び寄せ、上質で味わい深い衣が周りに出来上がる。

SEALDsと『シン・ゴジラ』

国会前のデモに実際に参加していた二〇代のSEALDsの実際の声も引用しよう。彼らは「SEALDs(シールズ:Students Emergency Action for Liberal Democracy - s)は、自由で民主的な日本を守るための、学生による緊急アクションです。担い手は10代から20代前半の若い世代です。私たちは思考し、そして行動します」(ホームページより)と名乗る、政治運動をする若い世代として注目された。

『「シン・ゴジラ」をどう観るか』で、SEALDsのリーダー的な存在である奥田愛基と牛田悦正の二人が興味深い対談をしている（「［対談］大学生、ゴジラ観ようぜ――震災以降の映画と政治のリアル」）。彼らは『シン・ゴジラ』のデモのシーンをどう見たのか。

奥田　あの後、矢口たちが寝ずに働いて居るシーンで、秘書官の志村が、「何日も寝ないで、皆、自主的に朝から来てくれてます」みたいなこと言うでしょ。あれをデモ批判だと言う人もいるけど、どうだろうね。まあフィクションを成り立たせるための演出としてだろうからなんにも気にならなかったけど。（P132）

作中の日本政府についてはどうか。

牛田　そうそう。僕は正直、最後のほうとか、右翼として楽しんでました（笑）。「自衛隊、うぉー！最高！」って。でも急進的な右翼に対しても媚びてない。［…］ネトウヨ思想に、最初からパンチを喰らわしていく。あれはいいな。（P127）

奥田　俺らってどっか、安保法制や原発がちゃんと止まってくれたら別に自民党の議員でもいいじゃん、っていうのがどこかにあるじゃん。立憲主義守ってくれよっていうのも、最低限の正しい決断をしてくれってことでしょ。だからあそこで葛藤とかちゃんと描かれてなくても、ゴジラを倒せたらいいんだよ的なね。〔…〕決断できない時代をやめたいと誰もが思ってて、だから『シン・ゴジラ』のストレートさは気持ちいい。だけど一方でこの映画観て、一体みんな何を決断したいんだろうって思うんだよね。（P137）

後半の巨災対についてはどうか。

牛田 今だから言えることだけど、SEALDsってあいうのだったら良かったと思わない？ あれが理想だったと思わない？ SEALDsって実際は民主的っていうよりも、ああいう意味での官僚的だったとも言える。特に代表とか、誰が責任者だとか決めないで、全員が副司令官で、皆が皆勝手にやるんだけど、なぜかうまく連携してプロジェクトを進めるって感じだったんでしょ。（P137）

この、実際に社会運動を行っている若い世代の、『シン・ゴジラ』への感想に、ぼくは、率直に、危うさを感じる。

民主主義的で煩雑な手続きよりも「決断」を「好む」感性や、それぞれがバラバラでいながら一つになるという組織を夢見る点において。

それは、端的に、ファシズムとロマン主義に親和性が強い感性である。

「決断」する主人公の矢口が政治の世界に入った理由は、敵と味方がはっきり分かれていて分かりやすいからだと作中で本人の口から語られているが、これは、カール・シュミットの「友敵理論」を思わせる。「例外状態」（これもシュミットの概念だ）における、シュミット的な政治的決断にシンパシーを抱かせる映画として『シン・ゴジラ』が機能していることも伺わせる。

「ネトウヨ」に関しては、矢口が最初の災害を巨大生物だと知るのが、スマホを使ってネットで情報を得たことを根拠にしており、いわゆる「ネットde真実」と揶揄されるようなネット右翼的な部分が皆無であるとは言えないだろう。

ファシズムと『シン・ゴジラ』

吉川浩満は、「魅惑のゴジラ・ファッシ」（『「シン・ゴジラ」をどう観るか』所収）で、本作のファシズムへの親和性と、シュミットとの関係について指摘している。

　日本社会に実存するファシズムへの愛と幻想を十全に描き出したことは、『シン・ゴジラ』の大きな功績である〔…〕ゴジラの来襲は典型的な「例外状態」（カール・シュミット）である。〔…〕ヤシオリ作戦は、つまらないしがらみを飛び越えて一挙に合理的な解決案が提示されてほしいと願う我々が見出すひと筋の光明である。これをファシズム的心理と呼ぶのはいかにも大仰かつ時代錯誤的に聞こえるかもしれない。だが、国家レヴェルの意思決定にかんして俗事やイデオロギーを超えた合理的な解決を実行する主体を待望するというのは、きわめて標準的・教科書的というかトリヴィアルでさえあるファシズムの定義である〔…〕ＳＮＳなどで礼賛派が懐疑派をディスる仕方」は「風紀委員的な小ファシストの身振りである。
（P94-96）

吉川が参照しているカール・シュミット――ナチス政権時代のベルリン大学の教授で、その政治哲学はナチス・ドイツに影響を与えた――は、『政治神学』で、このように述べている。

主権者とは、例外状況にかんして決定をくだす者をいう。
（P11）

そのような、「例外状態」で憲法を停止させるような主権者が必要だとシュミットは言う。

主権者は、平時の現行法秩序の外に立ちながら、しかも、憲法が一括停止されうるかいなかを決定する権限をもつがゆえに、現行法秩序のうちにある。現代の法治国家的発展の傾向はあげて、この意味での主権者を排除する方向を目指しているのである〔…〕例外状況であるためにはむしろ、原理的に無制限の権限が、すなわち現行全秩序の停止が必要なのである。この状態が出現したばあい、法は後退しながらも国家はいぜんとして存続するということが明白である。例外状況といえどもなお、無秩序および混乱は別物なのであるから、法律学的意味においては、法秩序ではないにしても、いぜんとして秩序が存続するのである。
（P13-19）

歴史の教えるところによると、ナチス・ドイツは緊急大統領令を多く発することで、議会制民主主義に失望していた国民の支持を集め、政権を握った。一党独裁の状態が一九四五年の敗戦まで続いた。一党独裁の国家の中ではユダヤ人や障害者、同性愛者らの抹殺や、「退廃芸術」呼ばわりされた作品の焼却などが行われた。

これもまた歴史が教える教訓だが、非常事態によって権力を手に入れた人々は、その権力を手放すよりは、「非常事態」が、あたかも事実として続いているように見せたがるか、あるいは続いていると言い張る。吉川は続ける。

『シン・ゴジラ』が告げているのは、日本的ファシズムとはつねにすでに「未完のファシズム」(片山杜秀)ではないかという反問であり、また、だからこそ我々はそれを想像上で補完する幻想を抱かざるをえないのだという教訓なのである。（P99）

この吉川の評に従えば、SEALDsで活躍し著名な二人までもが、二人の意志とは関係なく今やファッショ的な感性のあり方に感染させられてしまっているということが、前掲の対談からは窺える。

ゴジラ対虚構

闘争の場と（しての）『シン・ゴジラ』

先んじて結論を言えば、『シン・ゴジラ』は、多くのツイッター上の発言で表明されているような、単純な「虚構と現実」、「プロパガンダとエンターテイメント」、「右翼か左翼か」という単純な二項対立、議論には回収されきらない作品である。

本作を、自分に見えている側面だけから理解する者は、何も見えていない。

むしろ、闘争を内部に抱えた「場」として『シン・ゴジラ』を分析することこそが、正しい態度になる。この点からすれば、多くの者が間違ったようにしか『シン・ゴジラ』を観られていない。

映画一本すら正しく観られない人間が、現実を正しく観られるか？

繰り返すが、多様な分裂と矛盾を抱え込んだものを、それそのものとして観ることができない者は、真に『シン・ゴジラ』を観たことにはならない。本書を最後まで読めば、その意味がハッキリと伝わるだろう。

その根拠は、後に詳述するように、〈ゴジラ〉というものが、本来、両義性や矛盾を抱えている存在だからである。さらに、映画とは作品の内容に力を及ぼす様々な諸力が闘争した結果生まれるものであるという一般論からもそう言える。

『シン・ゴジラ』を〝真〟に論じるためには、この複雑な矛盾や葛藤の全てを引き受けた上で、抉り出し、曝け出し、そして問わなければならないのだ。具体例として、自衛隊を挙げよう。

『シン・ゴジラ』に自衛隊が協力していることは事実である。自衛隊は、映画に協力する際に基準を設けているので、実際の圧力を及ぼしていなくても、製作者に「空気を読ませる」ことで内容に影響を及ぼす。

例えば、自衛隊を格好良く描くことは、それを観た観客の自衛隊のイメージと情動に影響を与える。映画の持つ政治的な効果とは、そのように機能する。

ナチスのプロパガンダ映画である『オリンピア』を撮ったレニ・リーフェンシュタールの作品は、オリンピックにおける選手の動きや身体の美しさのみを純然と撮り続け、声高に政治的メッセージを語るものではない。だが、その映像の美しさ自体が、ナチスが持っていた「肉体」への賛美やナチス特有の「正しさ」といったイデオロギーを宣伝する機能を持ってしまったのだ。

あるいは、ソ連のセルゲイ・エイゼンシュテインの映画はどうだろうか。『ストライキ』、『十月』、『戦艦ポチョムキン』などは、ストライキを行う労働者や、叛乱を起こす船員を描いているという内容面は、明らかにプロパガンダの側面を持っている。実際、共産主義のプロパガンダとして、国によっては公開禁止になったり検閲されたりする措置を採られた。この映画の場合、しかし、重要なのは、単純なメッセージそのものではなく、「モンタージュ理論」の確立者であるエイゼンシュテインの映像技術が語っていることである。

ある映像とある映像を、編集でぶつける。その結果生じるものが……という、教科書的な「モンタージュ理論」の説明はさておき、さほど共産主義にシンパシーを感じていない観客でもおそらく圧倒されるのは、本作の編集の圧倒的なスピードとリズムである。大勢のエキストラを、「個」を際立たせるのではなく全体として描く撮り方自体に政治思想が入り込んでいるが（one for all, all for one）、そのような塊としての群集の蜂起と、コサック兵たちの衝突が、素早い編集によって描かれる。結果として、次々と起こる出来事の勢いを身体的に感じ、様々な場所でたくさんのことが起きる、そのあらゆる場に断片的に遍在的に臨場している錯覚を観客は得る。この体験そのものによって、単に言葉で説明するよりもさらに雄弁に、社会主義の理想的な「新しい感覚」を、伝えるべきイデオロギーの「感覚」、「感情」的側面を伝えるのだ。イデオロギーや政治思想とは、言語として明快に現れるものではない。感性・認識のレベルによって強力に伝達されるものなのだ。それは、イデオロギーに関係ないと思っている、無警戒の場合にこそ、効果を発揮する。

さて、『シン・ゴジラ』はどうか。兵器の描き方に関しては、リーフェンシュタール的かもしれない。うっとりする、ヘリコプターや戦車たち、B‐2スピリットなどには「兵器美」がある。そして、日本政府の描き方においては、エイゼンシュテイン的かもしれない。リズムの快楽においてエイゼンシュテインを思わせる。とはいえ、エイゼンシュテインが人間を個のない群集のように描いていたのに対して、『シン・ゴジラ』は、個々の人間の名前・役職を字幕で出し、顔のアップを連続させるという「個」に対する扱いの差がある。人は「顔」のある「個」として尊重され、同時に字幕で表示される「役職」、「肩書き」として組織の一員であり、同時に「日本政府」や「巨災対」として一丸の存在であるという個‐集団の感覚をもたらす画面の構成になっている。

虐げられている人々の「群れ」と「衝突」それ自体が主役になっているエイゼンシュテインとは異なり、犠牲者や被害者のような弱者たちを中心に描かないという違いもここにはある。

被害者の目線に徹底した映画として、J・Jエイブラムス製作、マット・リーブス監督の『クローバーフィールド』(二〇〇八)が挙げられる。全編、作中人物のものと設定された手持ちカメラで描かれる怪獣の襲撃は、徹底的に下から目線である。本多猪四郎の『ゴジラ』の遺伝子を最良の形で受け継いだ、もうひとつの傑作である。『ゴジラ』においては原水爆や戦争の象徴であった怪獣を、9・11の象徴として用いるという点でも、見事に怪獣の精神を受け継いでいるものだった。

塚本晋也と『シン・ゴジラ』

それに対して、『シン・ゴジラ』の目線はそこまで低くない。

その点を指し、弱者や被害者の目線がないという批判がある。丁寧に観ていけば、被害者が描かれていないわけではない（第二形態に倒されるマンションの住人を丁寧に描いている）のだが、「死ぬ瞬間」の身体損壊の描写や「死体そのもの」の描写は確かにない。

そのことの是非は様々に議論されている。この問題を考えるに、生物学者・間邦夫准教授役を演じた塚本晋也を媒介にすることで、この映画が単純に出来てはおらず、様々な「抵抗」や「摩擦」が全編に周到に用意された作品であることが分かるのではないか。

塚本晋也は、俳優としてだけではなく、監督としても世界的に有名である。『鉄男』（一九八九）や『東京フィスト』（一九九五）、『悪夢探偵』（二〇〇七）など、数多くの作品を世に送り出している、日本映画の鬼才である。特に『鉄男』、『鉄男Ⅱ　THE BODY HUMMER』（一九九三）、『鉄男　THE BULLET MAN』（二〇一〇）は、和製サイバーパンク作品として名高い。

「普通サイズの怪人」と銘打たれた『鉄男』は、『ゴジラ』の直系の子孫であると筆者は考える。原水爆という科学によって変身し巨大化したゴジラを、「日本そのもの」と捉えることもできるのだ。原爆投下＝科学により変わらざるをえなくなった日本、その後に重工業国家として高度成長していく日本の「苦痛」の表現としてゴジラを捉える立場からは、『鉄男』において、見るからに誇張された「サラリーマン」

の身体の内側が知らず知らずに機械に置き換わり暴走する苦痛と悲哀の描写は、個人に置き換わったゴジラそのものである。塚本の鉄男は、ゴジラが果たすことのできなかった、東京＝世界の壊滅まで目指そうとする（『ゴジラVSキングギドラ』には、『鉄男』へのオマージュのようなシーンもある）。

その塚本が、二〇一五年に発表しているのが、大岡昇平原作の映画『野火』である。第二次世界大戦のフィリピンを舞台にした戦争映画であるが、実質的には「戦争映画」というよりは、単に日本兵が次々と死んでいく様を見せ続ける映画である。見ようによっては、「反戦」映画であると呼んでも良いかもしれない。印象的なのは、あまりにも多くの「死骸」があちこちに倒れこんでいるのを、リアルに作りこんでいる。銃撃シーンでの身体損壊描写など、これまで戦争映画をそれなりに見てきたつもりのぼくでも、驚くような生々しさがあった。塚本はインタビューなどで、死体の描写に力を注いだことを語っている。制作の直前には、津波に襲われた被災地の惨状も見ている。『野火』に描かれた死体の描写には、紛れもなく東日本大震災の死者たちの痕跡が残されていると考えて良いのではないか。

メディアで「見えなくなった」死体を虚構を通じて見えるようにすることこそが、この映画の直球のメッセージとして、ぼくには響いてくる。

『すばる』二〇一五年九月号で、ぼくが行ったインタビュー「戦争の〝痛み〟を伝える――映画『野火』を撮って」で、塚本はこのように述べている。

戦争が、少しずつ近づいてきている感じがします。自民党の憲法改定案の趣旨を読むと、全体的に国というものが動くためには、多少は個人が犠牲になってもらいますよと言っているように見受けられる。そういう最初の旗があって、その旗に沿って秘密保護法などができた。その次の集団的自衛権で、どう考えても戦争に向かっていると思えます。（P215－216）

今では、お金のあるなしにかかわらず、内容面で企画が通りにくくなったんですよ。戦争映画では大きなもののために自分の命を捨てて、そこで熱狂するという姿を描くほうが見ている人に喜ばれるであろう〔…〕戦争体験者の話を聞いて〔…〕印象に残ったのは〝痛み〟でした。実際そのとき、どんな悲惨なことが起こったのか、痛いことがあったのかということばかりが頭に残っていまして〔…〕何とか少しでも自分なりに咀嚼して映画化して、新しい世代の人に見せなければと思いました。そこには使命感みたいなものもあります〔…〕飢餓状態を写真で見せてもらいました。〔…〕完全に骨と皮になっているので、映画で表現するのはとても無理な状態でしたね。あとは、手榴弾で自爆した兵士の写真も印象に残っています。〔…〕テレビなどの演出では、自爆してもどこか天国でも行ってしまうような感じで表現されています。でも実際はただ人間が壊れてしまう。人間が物になって壊れてしまうんです〔…〕〔戦争体験者に聞いた話で〕もうひとつ印象に残っているのが、飢餓状態になった人が、自分の体からウジが湧いてくるという話です。でも、お腹が空いているから、朦朧としながら、そのウジを食べるんだ、と淡々と話されるのです。衝撃を受けました。（P216－219）

そして塚本は、原発と戦争の関係について、以下のように言う。

その津波の後に福島第一原発の事故が起こって、放射性物質が放出された。今までいかに自分が、電気がどこから来ているのかなどを全く知らないで安穏に暮らしていたんだなということが痛切によくわかった。〔…〕高速増殖炉のもんじゅとか、あんなに予算が掛かってうまく行っていないものをなぜ日本が持っているのかを考えると、核兵器を日本も持てるという軍事面での抑止的な意味合いがあると考えざるをえないですよね。僕が子供のときの佐藤総理大臣のときから言われていた、曖昧な抑止力みたいなものが今までずっと続いているのが見えたりした。不幸にも福島の原発事故があったことを教訓にしないといけないと思うんですが、それをまた今、なかったことにするかのように曖昧にしようとするのは、ちょっと想像を絶するなという気はします。あったことも忘れようとしているのではないか。それどころか、ないものとして済ませようとするのは神をも恐れぬ行為。恐ろしい気がしています。あのタイミングで「抑止力」という言葉が浮かんできたときに、同時にさらに戦争のリアリティみたいなものが浮上してきちゃったので、隠そうとしてうまくやろうとしてきた方々にすれば、大変な難しい出来事が起こっちゃったんだなと感じました。

（P220‐221）

このような発言をし、『野火』のような映画を作っている人間を、巨災対における重要な役割を果たす（牧博士が残した、謎の図の読み方を解き明かす）ポジションに置いたことは、偶然であるとは思えない。そこには、作り手サイドの暗黙のメッセージが篭められているように感じられる。

作品内容も、塚本晋也の作品の影響を感じる部分もあった。『鉄男』、『鉄男Ⅱ』では全世界を破壊してしまおうという、『ＡＫＩＲＡ』などに似た破局衝動を描いてきた塚本であったが、二〇一〇年の三作目では、そのような「破局衝動」を抑え込み、「破壊しない」ことを選択する主人公を描くという転回を行っているのだ。それは、『シン・ゴジラ』において、中盤まで「破局衝動」を全開にしていたにも関わらず、中盤からその衝動を抑制し、守るべきものを守るという方向性に転回した内容と類似しているように思われた（何もかもぶち壊しきってしまう、破局衝動の極限を見たければ、『エヴァンゲリオン』旧劇場版と、新劇場版『Q』を観ればよいというわけだ。本作は、庵野作品としては、『Q』のあとの作品であるということも考慮されるべきであろう。エンターテイメントとして破壊、破局を描いてきた者の、原罪と贖罪とが、明らかにここにはある）。

このような背景が、他の様々な出演者や引用などにも様々に仕掛けられているはずで、その全てを読み解くことは、一人の仕事としては困難である。だが、この一例だけからも、『シン・ゴジラ』から読み取れるメッセージがいかに多層的で複雑で陰影に富んでいる（可能性のある）ものかを窺い知れるのではないだろうか。

他に、数名、明らかに他の人物とは異なる扱いをされている特権的とも言える人物に焦点を当て、そこに篭められたメッセージを読み取ってみることにしよう。それは、牧博士として、写真のみで出演した、故・岡本喜八監督である。

岡本喜八・岡本太郎と『シン・ゴジラ』

『シン・ゴジラ』の編集のスピード感は、無論、直接的にはエイゼンシュテインではなく、岡本喜八の影響を受けている。特に、『激動の昭和史　沖縄決戦』の影響が強い。

岡本喜八が庵野監督に与えた影響は非常に大きい。岡本喜八監督の『ブルークリスマス』は、血が青くなってしまった「人間」を、異物として、敵として認定し、排除する政府を描いた物語だった。『エヴァンゲリオン』における「使徒」を認定する際に、「BLOOD TYPE BLUE」という言葉が使われるが（青だと、使徒と認定）、これは『ブルークリスマス』を参照している。敵であると思われていた使徒が実は人間であった、という設定は後出しでもなんでもなく、最初から仕組まれていたということが、この目配せから読み取ることが出来る。同じように、「ゴジラ」は「人間」だと明言する『シン・ゴジラ』において、冒頭で自死してゴジラに変身したのではないかと思われる（ぼくはその解釈をする立場に立っている）牧博士が岡本喜八であるのも、似たような目配せとして解釈可能である。

しかし、多くの者が言及している岡本喜八ではなく、もう一人の岡本こそこの作品では重要ではないか。その岡本とは、太郎である。そう、岡本太郎だ。

庵野、樋口タッグの、いわば『シン・ゴジラ』の前哨戦としての『巨神兵東京に現わる』についても触れなければならないだろう。これは、岡本太郎がデザインをした『宇宙人東京に現わる』にオマージュを捧げたタイトルになっている（『大怪獣東京に現わる』という、吉本興業が製作した作品が間に挟まるが、怪獣映画と笑いの関係については後述するため、ここでは触れない）。

『宇宙人東京に現わる』はお世辞にも傑作とは言いがたい。岡本太郎がデザインした宇宙人も、人間が中に入っているのが丸分かりで、カッコ悪い（歩かなければ良かったのではないか）。作品も、UFOから宇宙人が来て、天体（R）の地球への衝突を予言し、地球人類が水爆やそれを超える兵器で滅亡しないようにそのRに発射するように言うというものである。実際、水爆などが発射される。地球は何故か疎開する人たちが現れ、舞台となる天文台は避難所のようになる。何故必要があるのか分からない津波・洪水の描写があり、Rが去ったあとの光景は、津波が襲った被災地を思わせる荒涼とした光景である。だが、助かった子供達が、そこを楽しそうに駆ける……今述べたのは、『シン・ゴジラ』と関係しそうな部分を掻い摘んだだけであるが、何故この作品が参照されたのか、本当のところは分からない。しかし、この参照から、メッセージを読み取ることも可能であろう。特に、岡本太郎に関して。

岡本太郎といえば、渋谷駅に原爆をモチーフにした「明日の神話」が有名だが、もっと有名なのは大阪万博における「太陽の塔」であろう。「人類の進歩と調和」を謳うこの万博では原子力が用いられたが、岡本の「太陽の塔」は、「人類の進歩と調和」を疑い、懐疑し、アンチテーゼを突きつける作品であった。いわば、黒い太陽として、科学の進歩への強烈な警告を発している作品である。この「太陽の塔」は、当時「土偶怪獣」と揶揄されていた。大阪芸大出身の庵野秀明が、この「太陽の塔」のことを知らないというのはありえない。

『シン・ゴジラ』の結末で凍結して「彫像」となるゴジラは、新しい「太陽の塔」であり、「明日の神話」であると解釈することが可能かもしれない。そして、大阪万博全体のテーマにアンチテーゼを突きつけた岡本の姿勢もおそらくは庵野は継承しているのではないか。『シン・ゴジラ』全体の中に意志を貫徹させることが仮にできないとしても（映画は、多種多様な人間や力が働く抗争の場である）、死んだ人たちの苦悶そのものを示すゴジラという存在が「太陽の塔」ように立ち尽くすことで、大いなる否定、巨大なる否定性そのものを突きつけようとした側面もあるのではないか。

虚構と現実と『シン・ゴジラ』

本章のまとめを行う。ぼくの知る限り、虚構と現実がこのように混同する言説を政治家や言論人がここまで発した作品を見たことがない。虚構と現実を区別する分別すら、失わせてしまうのが、『シン・ゴジラ』という作品の力なのか。あるいは、そのように「虚構と現実」のあり方が変わってしまう社会に状況が変化しているのか。どちらにしろ、『シン・ゴジラ』は、ある特異な一作であり、この作品を分析することから浮き上がる「現代」がある。

虚構と現実の混同は、別に『シン・ゴジラ』に始まったことではない。

オーソン・ウェルズのラジオ番組『宇宙戦争』を聞いて、火星人が本当に攻めてくると思い込んだ人々がいたというあまりにも有名なエピソードが典型である。さらには、近代小説の起源のひとつとも言われるセルバンテス『ドン・キホーテ』も、騎士道小説を読みすぎて、現実世界を、巨人がいる世界だと思い込む者を描いた小説であった。虚構を現実と混同してしまう人物、それ自体を批評的に描くことから近代小説が始まったということは、確認されるべきだろう。

その上で、現在は、二〇一〇年代後半である。明らかに近代以前ではない。オーソン・ウェルズの『宇宙戦争』が放送されたのは一九三八年。

時代を経て、我々は、リテラシーが上がっているはずではないか。一九三八年の人々は、虚構に慣れていなかったんじゃないか、素朴だったんじゃないかと、見下すような気分が、どこかにあるはずである。しかし、これだけ大量の虚構が溢れ、メディアにも慣れ、リテラシーも上がったはずの「現代」の人間は、ひょっとすると実はこれを笑えない状況にあるのではないか。

では、何故、このような混同が起こったのか。

理由は政府や官邸などが対応するさまを「リアル」に描いたということではない。その「リアルさ」を、実際に政治家でも官僚でもなく政治ジャーナリストでもなく現場の知識を持たない大多数の人間が感じたということの意味を、真剣に考えてほしい。

ぼくも「リアルだ」と感じたが、首相官邸の中に入ったこともないし、国家における意思決定のプロセスに参加したこともない。しかしそれでも「リアル」だと感じさせる何かがある。作中にある何かが、本当の現実との対応という意味とはまた別種の「リアルさ」の感覚を観客に引き起こしているのである。

政治家が、まるで現実のことであるかのように語ったり、自身の現実と比較したり、現実ではどうなのかと記者・編集者が訊いて確かめたくなるような「何か」は、技術によって生み出されている効果である。では、どうして虚構と現実の混濁や、「リアル」の感覚が発生するのか。

おそらく、それを解明することが、『シン・ゴジラ』という、この時代、この国の観客に大きな衝撃を与えたのみならず、世界的にも受け入れられている作品の特性が分かることだろう。

同時に、〈ゴジラ〉という怪獣を明らかにすることになる。そのことは、ゴジラと生き続けて来た戦後の日本と、震災後のぼくたちが生きることになる日本社会について、様々な示唆を与えることになるだろう。

新しい時代のゴジラ論は、そのためにこそ、いま、書かれる。

第二章　ゴジラ対天皇

などてすめろぎは、人間となりたまいし

——三島由紀夫『英霊の聲』

戦争とゴジラ

ゴジラと天皇と戦争と――戦争の体験と記憶、地方と東京

ゴジラは、なぜ東京に来るのか？

単純だが、実に答えにくい問いである。

ゴジラ論は、この問題を巡り、様々な解釈を行ってきた。

ゴジラは、第二次世界大戦の死者であり、天皇に会いにきたのではないかという説が、ゴジラ論の中では有力である。ここではそれを、「ゴジラ死者説」と呼ぶ。

『日経サイエンス』二〇一六年一二月号の特集「シン・ゴジラの科学」は、「ゴジラはなぜ東京を目指したのか」について、「ニホンウナギの行動とそっくりだ」、「ゴジラが北上した先にある都心のウナギ生息地としては皇居のお堀が知られる」（P51）と、ウナギの遺伝子が混ざっているという説を挙げているが、これはむしろ貴重な例外である。

これまで展開されてきた〈ゴジラ〉を日本兵の怨念として解釈し、「日本論」として語る論は、『シン・

ゴジラ』にもあてはまるだろうか？　まずは、広く読まれているゴジラ論を総点検し、批評しよう。批評、あるいは研究とは、先行研究の影響を受け、それに敬意を払いながらも、乗り越えていく営みである。

これは批評の宿命である。

その宿命は、どこか『ゴジラ　FINAL WARS』を思わせる。あるいは、『シン・ゴジラ』もまたそうである。

新しいゴジラを論じる時、必然として過去のゴジラ論と対決し、受け継ぎ、乗り越えるしかない。遠回りかもしれないが、『シン・ゴジラ』を理解するためには、絶対に必要な手順である。

本章では、前半において、ゴジラと天皇と第二次世界大戦の死者を結びつけて語る批評を検討する。特に焦点化するのはゴジラ批評で最も影響力を持っている加藤典洋の論であり、『シン・ゴジラ』以前と以後の変説のように見える違いを検討することが中心になる。

後半は、地方と原発の問題に論点が移行する。天皇と地方の問題を繋ぐ論拠は、『ゴジラ』の監督・本多猪四郎が二・二六事件に極めて近い位置にいたことにある。特に、「原発」を押し付けるに至った、東京と東北の長い歴史のある構造的な問題と、それへの反撃や憎悪の表現として『シン・ゴジラ』を読む解釈を提示することになる。

ゴジラは第二次世界大戦の死者だから、皇居に向かう——川本三郎説

川本三郎はゴジラが、第二次世界大戦で死んだ死者たちであるという説を提唱した。

『今ひとたびの戦後日本映画』所収の「ゴジラはなぜ「暗い」のか」で、川本はこのように語った。ゴジラが、オキシジェン・デストロイヤーの攻撃を受けて海に消えていくとき、

「ゴジラ」は「戦災映画」、「戦禍映画」である以上に、第二次大戦で死んでいった死者、とりわけ海で死んでいった兵士たちへの「鎮魂歌」ではないのかと思いあたる。〝海へ消えていった〟ゴジラは、戦没兵士たちの象徴ではないか。ゆっくりと海へと沈んでいくゴジラは、沈んでいく戦艦大和の姿さえ思い出させないか。東京の人間たちがあれほどゴジラを恐怖したのは、単にゴジラが怪獣であるからという以上に、ゴジラが〝海からよみがえってきた〟戦死者の亡霊だったからではないか。（P85）

このようなゴジラ解釈が、現在ではスタンダードだ。しかし、ここで注意しなくてはならない。川本の論は、その時点でのゴジラ論のスタンダードに対する対決として生まれてきた。「一九六二年生まれの批評家樋口尚文」の『グッドモーニング、ゴジラ――監督本多猪四郎と撮影所の時代』という書籍が名指しされ、「時代意識、歴史感覚」が抜け落ち「社会状況、時代背景を無視」した「特撮論、映像論」だと批判した上で、先の文章が書かれている。

「時代、歴史、政治、社会」を無視して作品を論じたい人々と、それに抗う人々という構図は、『シン・ゴジラ』以降の現在も反復され続けている構図でもある。

続けて、川本はゴジラと天皇について指摘する。これが有名な「一九五四年のターン」である。

その意味で、ゴジラが銀座を破壊し、国会議事堂を破壊し、紀尾井町のNHKのテレビをへし折り、その次に当然目標にしていい皇居を前にしてなぜか突然、くるっとまわれ右して海へと帰って行くシーンは、「ゴジラ」のなかのもっとも痛ましいシーンである。ゴジラが皇居を回避する。皇居だけは破壊できない。これを「ゴジラ」の思想的不徹底と批判するものは、天皇制の「暗い」呪縛力を知らぬものでしかないだろう。（P86）

このゴジラの行動をどう解釈するかを巡り、赤坂憲雄、加藤典洋、笠井潔らが思索を紡いでいく。ゴジラ、第二次世界大戦の死者、天皇が結びつく解釈の枠組みがここに始まる。

実際に『ゴジラ』第一作を観た印象としては、この文章で言うほど明確に「ターン」しているようには見えない。だが、実際に作中に出てくるランドスケープと、地理的な関係を基にして考えると——実際にその周辺を歩き回って体感として捉えた印象としても——ゴジラが皇居を不自然に避けたと見ることは可能である。

『シン・ゴジラ』でも皇居は重要な箇所で登場する。第四形態が一時的に動きを停止した場所は東京駅である。ヤシオリ作戦において矢口たちが見守るのは、皇居を挟んだ北の丸公園科学技術館である。ここから判断するに、明らかに『シン・ゴジラ』においても天皇は意識されている。

しかし、今回のゴジラは皇居を狙ってきたとは言いがたい。鎌倉から上陸したゴジラがもし皇居を狙っているとすると、東京駅の隣まで行ってしまうのは、少しばかりルートがズレている。

川本は「生き残った戦中派は、『ゴジラ』を作り、一度、死者たちに詫びる必要があったのだ」と解釈し、ゴジラと、彼を倒すために自ら水の中に沈んでいった芹沢博士が、象徴的な次元において、第二次世界大戦の死者たちと重ね合わされていると述べる。これは、ぼく自身もそのように感じられる。観客達の心がその部分に反応したということも、否定しない。しかし、それだけではゴジラの魅力が説明がつかないことも、また事実である（その検討は、第三章で行う）。

天皇はもはや神ではなくなったから、皇居を襲わなかった——赤坂憲雄説

民俗学者の赤坂憲雄は、「ゴジラは、なぜ皇居を踏めないのか」で、川本三郎の説を受けて、このように述べた。

『ゴジラ』はその全編が、鎮魂と祈りの声にみたされている。癒しがたい戦争の傷を負った一人の化学者が、まるで人間魚雷か神風特攻隊のように、みずからの命を購いにすることで、ゴジラという災厄は祓われる。『ゴジラ』は鎮魂の映画だった。（P22）

『ゴジラ』の基層には、おそらく無意識の構図として、戦争末期に南の海に散っていった若き兵士たちの、ゆき場もなく彷徨する数も知れぬ霊魂の群れと、かつてかれらを南の戦場に送りだし、いま死せる者らの魂鎮めの霊力を失ってただの人間にかえった、この国の最高祭祀者とが、声もなく、遠く対峙しあう光景が沈められているはずだ。（P23）

と、『ゴジラ』という映画の構造そのものを「鎮魂」の儀式と考える点、ゴジラを第二次世界大戦における死せる日本兵の象徴として読む点においては、川本と意見が一致する。異なってくるのは、ゴジラが皇居を攻撃しなかった理由である。川本は「天皇制の暗い呪縛力」をそこに見たが、赤坂はそれに反論する。

ゴジラが皇居の周囲を巡ったすえに背を向け、南の海に還ってゆくのは、そこにはもはや、死者達の魂の悶えを鎮め癒してくれる者がいないことを悟ったからではないのか。（P23）

すなわち、自分達を兵士として送り出した「神」である天皇と、戦後に「人間」になった天皇とが違うからこそ、ゴジラは復讐の相手、あるいは面会を求める相手がいないことを悟ったという説である。ゴジラが英霊の象徴だとして、どうしてあの距離まで近づかないとそれがわからなかったのか、逆に、近づいただけで何故わかるのか、そんなケータイの電波みたいなシステムで英霊（の象徴であるゴジラ）と天皇との間に繋がりがあるものなのかどうかは気になるところではあるが、これはこれで、ひとつの説得力のある説であり、現在、ゴジラ論では最も有力な説を唱えている評論家の一人、加藤典洋の説に受け継がれるのである。

三島由紀夫と『ゴジラ』

赤坂は『ゴジラ』と、日本浪曼派の作家・三島由紀夫の『英霊の聲』を結びつけて論じている。『英霊の聲』は、三島由紀夫が、市ヶ谷駐屯地での自決の前に書いた作品であり、自害の「パフォーマンス」と内的に深く結びついた作品である。ある「帰神の会」で、二・二六事件の将校や、特攻隊で死んだ日本兵の霊が降りてきて語る。作中の霊媒の声を借りて、というよりも、三島が霊媒となって、勝手に死者の代弁をしてしまっているかのようである。

降りてきた霊は、「われらは裏切られた者たちの霊だ」と語る。赤坂は、この『英霊の聲』と『ゴジラ』を比較し、「南太平洋に散っていった数も知れぬ若き兵士たちの霊が、幽の世界に属するとすれば、ゴジラは、神語りのいう『猛き獣』を、顕の世界において表出したものといえるだろうか」（P25）。

三島の言葉を引用しよう。

ふたたび衰えたる美は天下を風靡し
陋劣なる真実のみ真実と呼ばれ、
車は繁殖し、愚かしき速度は魂を寸断し、
大ビルは建てども大義は崩壊し
その窓々は欲求不満の蛍光灯に輝き渡り、
朝な朝な昇る日はスモッグに曇り
感情は鈍磨し、鋭角は摩滅し、
烈しきもの、雄々しき魂は地を払う。
〔…〕
かかる日に、

などてすめろぎは、人間となりたまいし

（P17－18）

何故天皇陛下は、ただの人間となってしまったのですか。

「その英霊の声は、皇居のまわりを巡ったあとに、ふっと背を向け、南の海に還っていったゴジラの声なき声でもあったような気がする」（P27）と赤坂は書く。

この、ゴジラと三島を繋ぐ解釈は、故のないことではない。

根拠のひとつは、三島が『ゴジラ』を褒めていたという証言が残されていること。

もうひとつは、『ゴジラ』の監督の本多猪四郎が、二・二六事件で決起した部隊と同じ陸軍第一連隊に所属しており、実際に非常に近い場所にいたということ。

具体的に言うならば、二・二六事件で処罰された栗原中尉は、その前年まで、本多のいた第五中隊の教官をしていた。

二・二六事件と本多猪四郎監督

二・二六事件、あるいは昭和維新事件とは、単純に言えば、一九三六年に青年将校たちが起こした軍事クーデター（未遂）である。

総理大臣官邸、警視庁、陸軍省、東京朝日新聞などの占拠に成功し、結構いいところまで行った。だが、天皇に気持ちが通じるはずだと信じたが、通じず、天皇は武力制圧を指示。鎮圧されたという事件である。

切通理作は『本多猪四郎　無冠の巨匠』で、「二・二六の将校の多くが本多と同じく東北出身者であった。世界恐慌にみまわれ、限界に達した農村の困窮がその背景にあったといわれる。貧しさから身売りされなければならなかった子ども達を見た青年将校の義憤」（P187）と、注意を促している。

本多猪四郎は、山形県東田川群朝日村で生まれた。

ゴジラを第二次世界大戦の死者とみなし、天皇に会いにきたとする解釈は、二・二六事件を媒介とすることで、「中央／地方」の問題とも重なりうるということに、充分に注意をしていただきたい。

本田自身『「ゴジラ」とわが映画人生』で二・二六事件についてこのように述べている。

昭和十一年の二・二六事件にひっかかっちゃった。それで満州に行ったわけです。（P52）

栗原中尉とか池田少尉とか全部知っていますよ。ぼくは直接行動に参加したわけじゃないけど、もしも内乱が起こったら、補助憲兵っていう腕章つけて憲兵についていくってことになってた。ぼくにはそういう上官がいなかったから加わらなかった。（P53）

切通理作に拠れば、「決起部隊将校のほとんどは銃殺されているが、本多は栗原とはもちろん、他の人間にも顔見知りが多かった。／事件よりも前に、栗原が昭和維新をする意思を語るのを聞いたことがあった」（P187）。本多が『ゴジラ』に、二・二六事件への思いを込めた可能性は充分にある。それに三島が感応した可能性も充分にあるのである。

三島は、『英霊の聲』において、天皇を神と信じ、自分達の心は天皇と通じているはずだと「恋」のような気持ちを持っていた者たちとして、この決起した人々を描いている。

今ふたたび、刑場へ赴く途中、一大尉が叫んだ言葉が胸によみがえる。

「皆死んだら血のついたまま、天皇陛下のところに行くぞ。面して死んでも大君の為に尽すんだぞ。天皇陛下万歳。大日本帝国万歳」

そして死んだわれらは天皇陛下のところへ行ったか？　われらが語ろうと思うことはそのことだ。

（Ｐ26）


かくてわれらはついに、一つの確乎たる夢に辿り着いた。その夢の中では、宮廷の千年の優雅に織り成された生絹の帷が、ほのかな微風をもうけ入れてそよいでいた。

「陛下に対する片恋というものはないのだ」とわれらは夢の確信を得たのである。「そのようなものがあったとしたら、もし報いられぬ恋がある筈だとしたら、軍人勅諭はいつわりとなり、軍人精神は死に絶えるほかはない。そのようなものがありえないというところに、君臣一体のわが国体は成立し、すめろぎは神にましますのだ。

恋して、恋して、恋して、恋狂いに恋し奉ればよいのだ。どのような一方的な恋も、その至情、その熱度にいつわりがなければ、必ず陛下は御嘉納あらせられる。陛下はかくもおん憐み深く、かくも寛仁、かくもたおやかにましますからだ。それこそはすめろぎの神にまします所以だ」

（Ｐ29）

ここでは三島論を展開しない。重要なのは、戦中・戦後を生き、一九七〇年に市ヶ谷の自衛隊駐屯地で自決した三島が、その直前に、心情を二・二六事件の将校の霊に託して吐露していたという点である。天皇への「恋」、その情熱をうけ入れるはずの天皇、そうでなければ偽りとなってしまう軍事勅諭――天皇は、それを裏切った。さらに、「人間宣言」を行うことにより、天皇を神と信じて戦って死んだ人々を裏切った。これが、『英霊の聲』における英霊達の告発である。その告発は同時に、そのことを不問にふし、ぬくぬくと生きていく戦後民主主義社会として生まれ変わった、新しい日本そのものへの告発でもある。

この告発は、ゴジラと共通しているものがあると、赤坂は考えている。

「ゴジラの卵」――三島由紀夫のボディービルディング

『三島由紀夫全集』をひっくり返してゴジラに対する記述を探した八木正幸は、三島が肉体強化、ボディービルディングに勤しんでいる自分について書いた文章を発見し、注意を促している。そのタイトルは「ゴジラの卵――余技、余暇」というものである（『ゴジラの時代』）。「ゴジラの卵」としての自覚があった三島は、体を鍛え、卵から孵化し、何をするつもりだったのだろうか。

実際に行ったのは、市ヶ谷でのクーデターの呼びかけと失敗、そして切腹による自害である。しかし、象徴的な次元では、ゴジラのように、忘れ去られた第二次世界大戦の死者達の怨念を体現し、戦後の日本社会にぶつけ、襲い、破壊し、そして天皇と対峙しようという意図がこのタイトルには込められていないか？

八木は、三島のことを、「ゴジラになりたかった男」、「人間ゴジラ」と評している。

従来、三島が『ゴジラ』を評価していたということは、三島由紀夫という立派な文学者が、怪獣映画なぞという低俗なものを評価してくだすったという、さもしい根性が透ける文脈で持ち出されることが多かった。だが、もはや文学／サブカルチャーを分割する境界線も曖昧になった現在、このことについて別の見解を差し挟んでもいいだろう。

事態としては、むしろ一九五四年に公開された映画『ゴジラ』に三島が影響を受け、その後の作家人生や行動まで左右したという方が時系列的には正しいのではないか。そのレベルがどの程度であったにせよ、ぼくたちはこのような挑発的な言い方をしてみることができる。

一九五四年に誕生した、虚構と現実の狭間から生まれた怪獣であるゴジラは、現実に生きる身体である三島の中に宿り、彼をも動かし、死をも伴う政治的な行動をさせたのではないか！　と。

戦後から遠く離れ、作品を通じて心情を理解するしかない者として

ぼくは、戦後に教育を受けた者として、「大東亜戦争」は侵略戦争であり、天皇イデオロギーなどがファッショ、全体主義化を促したと考えている。その当時の「政治の美学化」（たとえば、特攻隊が死んだ後に霊となって、一体となるなどというのは、美しい「詩」である）にも、批判的である。しかしながら、歴史というのを、そのような後世の目で裁くことの容易さと不誠実さも理解しているつもりだ。当時を生きたことのないぼくにとっては、このような書物を通じて、心情を理解することによって、今とは異なる価値観の時代に生きた人々に肉薄しようと努力をするだけである。

先にあげた三島の発言に、イデオロギーとしては全く同意しない。だがしかし、心情部分においては胸を打つ、と率直に言わなくてはならない。たとえ日本が間違った戦争を行い、たくさんの残虐行為を行い、天皇イデオロギーが為政者たちによって「洗脳」されたものだったとしても、純粋にそれを信じて、死んだり、負傷したり、身内を失ったものの悲しみ、苦しみ、幾あまたの無念が、なくなるわけではないし、それは事実として直面しなくてはならないものである。戦後日本は、この怨念じみた思いを「なかったこと」にせざるをえない矛盾を抱えた。だからこそ、「抑圧されたものの回帰」のようにゴジラは現れる。そして三島は自決する。戦争を体験したSF作家小松左京は『日本沈没』で日本を沈没させる。というのは、充分に説得力を持つように感じられる。

第二次世界大戦と、被害と加害の「割り切れなさ」としてのゴジラ──加藤典洋説

加藤典洋は、「さようなら、『ゴジラ』たち──文化象徴と戦後日本」で、「一九五四年のターン」について「最初の言及者である川本三郎に敬意を表しつつも、その解釈については、赤坂説を採りたい」と述べたあとに、このように言う。

ゴジラは、天皇という神がいなくなった後、日本に現れた、いわば戦後の日本人の心の原郷の位置を指示している。ゴジラは、天皇の呪縛力にかなわないのではなく、昭和天皇がいまやかつての呪縛力の根源であることをやめた、そのことを誰の目にも明らかにするため、戦後日本に再来しているのである。ゴジラ(=戦争の死者)の苦しみの深さは、その呪力とともに、もはや天皇のそれを越えている。ゴジラの呪力が、いまや天皇の威力に、取って代わるべきなのである。(P154-155)

戦後日本の天皇の呪縛力は、「神の国」であった頃から低下している。だからこそ、「文化象徴」であるゴジラこそが、天皇に代わる象徴の座を大衆心理の中では獲得してしまっているということを、この文章が意味していると読むことは可能だろう。

加藤の解釈が新しく付け加えた点は、「海に消えた日本兵」は、同時に侵略戦争の加担者であったという視点である。一九四五年以前と以後で変わってしまった価値観の中で、加害者であり被害者であるという「割り切れない」、「両義性」の感覚こそが、「不気味なもの」として、ゴジラの形をとる。そして、戦後日本に繰り返し現れる。

これは、ゴジラシリーズが作られ続けることについての卓抜した見解であろう。フロイトによると、トラウマは、何度でも悪夢などの形で再来する。否認や抑圧をするのではなく、直視し、言語化することで、それは解消することが可能になる。

加藤は言う。

彼らは、戦後の観点から見るなら、両義的な存在である。国民の義務として国の命令に応じ、戦争に赴き、国を守るため尊い命を落とした。しかし、その戦争は、いまの目から見るなら明らかに恥ずべき側面を多くもつ悪しき侵略戦争だった。〔…〕尊い祖国の防衛のための犠牲者であると同時に侵略戦争の先兵でもあったこれらの戦争の死者たちを、どのように考え、どう彼らに向き合うべきなのか〔…〕の〔…〕両義性の感覚。

（P169-170）

それゆえの、消化出来ない「不気味なもの」としてのゴジラ。

戦争の死者を、社会が、正当に「消化」できないと、それは、社会内で、「異物」となる。ゴジラは別種の形で、その異物性を殺菌され、無菌化され、戦後の日本社会に馴致されなければならなくなる。というか、戦争の死者の意味記号であるゴジラの馴致をつうじて、日本の社会は、代替的に、戦争の死者という宙に浮いた「不気味な存在」を、以後、無害化しようと努めるのである。（P171）

ゴジラはその聖性をも剝奪される。ゴジラもまた子供をもつ。ゴジラはミニラという可愛い仔に恵まれ、世の人々と同様、教育パパと化す。ついには、ゴジラは、当時流行の赤塚不二夫の漫画『おそ松くん』の一キャラクターのおどけたしぐさである、「シェー！」をやらかす。

そして最後に、ゴジラは、メカゴジラとなり、制作可能なもの、操作可能なものとなる〔…〕小さく、小さくなって、やがて、「可愛い」ゴジラという極点にまでたどり着く〔…〕そこからポケットに入る怪獣、ポケット・モンスター、ピカチュウ、ハローキティまでは、あと一歩の距離である。（P171-172）

実に見事なゴジラ論である。

「被害者」でもあり「加害者」でもある死者たち。その受け止められなさ。両義性。戦争という経験の、

「理解を拒む」何かこそが、観るものを引き裂く。おそらくはゴジラがぼくたちの胸を裂く悲壮さというものは、ここある。そして、このような「キャラクター」を通じて、戦争やその死者たちという、巨大すぎて人間には理解が困難なものを認知するための「器」として、ゴジラというキャラクターが心理的に機能したと言い換えてもいいのだろう。

行き先は靖国神社、だったか?

加藤の論考は、『ゴジラ FINAL WARS』と、『シン・ゴジラ』の間に書かれている。ここで、加藤は、ゴジラの次回作について、鮮烈な提言をしている。

> 筆者の考えからすると、ゴジラはまだ、し残していることがある。それを行わないことには、成仏できないのである。筆者のアイディアは以下の通り。ゴジラが再びやってくる。品川沖から東京に上陸する。夜であってほしい。そのゴジラはこれまで行かなかったところに行く。
> 行き先は、靖国神社。
> ゴジラは、靖国神社を破壊する。（P174）

実際の『シン・ゴジラ』の内容を、この提言と比較して検討する。

『シン・ゴジラ』のゴジラが登場するのは、海ほたる周辺。蒲田に上陸、品川で暴れるので、出現に関しては当たらずも遠からずと言ったところか。加藤が望んだような夜ではなく、むしろ昼に侵攻していたので、この点は正反対である。

「靖国神社」の破壊についてはどうなのだろうか。実際にそれが行われた描写そのものはない。地図から言えば、ゴジラが停止した東京駅付近は、皇居をはさんで、靖国神社とちょうど正反対の位置にある。ゴジラが靖国神社を直接狙ったとすると進路が異なっている。

しかし、位置的に、若干のズレはあるとは言え、北の丸にある科学技術館は、靖国神社とゴジラのちょうど真ん中にあり、彼らが象徴的な意味として、靖国神社を背にしながら防衛していたと見えなくもない。矢口たちに不自然に攻撃に当たらないのは英霊の加護だったとも見えないこともない。そのような間接的な形で、靖国神社についての加藤の論は、影響を及ぼしているのかもしれない。

ゴジラ映画の特質として、「ゴジラ論」を貪欲に摂取するという特徴があるので、それは不自然なことではない（個人的には、一九六八年『怪獣総進撃』の中で、北の丸公園の清水門から中に逃げ込む人々、それを見て不敵に笑うキラアク星人、そしてその後の日本武道館周辺の壊滅具合からして、このときに靖国神社は無事であったとは思えないのだけれど）。

原発とゴジラ

天皇から電通へ――タブーの拡散

ゴジラは靖国神社を目指すべきだと提言した加藤は『新潮』二〇一六年一〇月号に「シン・ゴジラ論

（ネタバレ注意）」を寄稿している。

これまでの論と、『シン・ゴジラ』論との関係はどうなっているのか。

不思議なことに、靖国神社に行かなかったことに対する文句は言っていない。

最も奇妙なのは「天皇」に関する「菊のタブー」の論点が、「電通のタブー」に変わってしまったことである。


政治的なタブーは、いま、私たちが生きているような世界では、文化的にしか、解除できない〔…〕エンターテイメントの映画を作ることのほうが、より先鋭的な文化的意味、さらに政治的意味をもつ〔…〕私たちはたとえば昭和天皇を、シリアスになら批判できるのに、いまだ十分に「視覚的に楽しめる」形ではエンターテイメント化できないのか〔…〕〔そのようなエンターテイメントでなければ〕菊のタブーといわれるものは解除されない。政治的なタブーは、それが「視覚的に楽しめる」ようなものに、つまり、エンターテイメントに転化されたとき、はじめて最終的に、政治的に、解除されるのである。（P171）

その「エンターテイメントの世界」は「「電通」文化」、「見えないコードの制圧下にある」。「日本の対米従属の実相や、沖縄、天皇制の問題、日韓、日中関係など、この政治的、社会的、文化的な「感度」にふれるタブーに材を取った表現が、シリアスなもの、マイナーなもの、知識人層を相手にしたメディアにはそんなに多く見られようと、けっしてメジャーなエンターテイメントの文化領域に存在しないのは、そのためである」（P171）。

「天皇」の問題は、様々な「タブー」の問題のひとつという地位に変わっている。そして、そのタブーを形成している「「電通」文化」に批判の矛先が移行している。この「電通」というタブーと果敢に戦ったということにおいて、加藤は『シン・ゴジラ』を評価する。


むろん、この映画のエンドロールにも、しっかりと、「特別協力　電通」の文字が入っている。そして、このような「電通」的な自主規制的な拘束は、むろんこの映画をも領している〔…〕庵野は、この更新された『ゴジラ』映画で、周到に、遺漏なく、こうした「電通」文化に対する戦いをも展開しているのである。（P172）

『シン・ゴジラ』末尾のゴジラの尻尾の意味の解釈も、電通と関係する。この映画は「電通」の隷属下にあるが「庵野は、この文化的隷属に自覚的である〔…〕この映画を、冷温停止し、凍結したゴジラの尻尾の先端が、断末魔の死体の折り重なる奇怪なオブジェとなっていることを閉める映像で終えているのは、その証しだと私には思われる」（P172）。

この加藤の論の、『シン・ゴジラ』以前と以後の変化は何を意味しているのだろうか。

ゴジラの象徴性が拡散したことに対応して？

インタビュー「今度のゴジラはひとり。」で、加藤は次のように語っている。

「いま『怪獣』が現れるというのは、どういうことか、と考えていったことを意味します。そうしたら、単に原発事故や震災だけではなくて社会的な抑圧といったところにまでわっと意味象徴性が広がって、そこから排除されたものの凝集物としてのゴジラが浮かび上がってきた。これは意図したことではなかっただろうという感じなんです」（『「シン・ゴジラ」をどう観るか』P8-9）と語っている。

「シン・ゴジラ」論でも、ゴジラの象徴するものを、第二次世界大戦の死者や、戦争の加害・被害の両義性とは異なるものに定義しなおしている。


ゴジラとは何か。

それはたぶん、この映画では、戦後にも、災後にも帰着しない、一つの大きな「空白」、いわば日本人の「無意識の器」である。人はそこにどのような意味を投げ込むこともできる。ゴジラはそれをすべて受け入れるが、そのいずれからも逃れてゆくだろう。（P173）

加藤はこの論において、ゴジラが様々な投影の器になりうること、「第二次世界大戦の死者」という説は、数多く投影可能な「解釈」の一つでしかないことを悟ったように思われる。

これらの発言から推測するに、天皇のタブーが、アメリカや電通などの様々なタブー群の中の一つに格下げされたのは、「第一作以来の戦争、戦争の死者、戦後の文脈」（P173）だけではなく、東日本大震災と原発事故の問題をも含みこんだものへとゴジラが意味するものが変化したことに、加藤の思考の中ではは対応しているとみていいのではないか。ゴジラが象徴するものが拡散したことに対応し、タブーの原因も拡散したのである。

だがこれは、(次章の主題となるが) 加藤が〈ゴジラ〉理解を誤っていたことを意味する。ゴジラは、最初から、第二次世界大戦の死者「でもある」が、「だけでもない」存在であり、それは『シン・ゴジラ』以前からそうであった。「ゴジラ死者説」は、ゴジラが許す解釈の可能性のうちに彼らに意識されやすかった解釈のひとつに過ぎないのであり、加藤が『シン・ゴジラ』で初めて気がついたこの多義性は、一作目のゴジラからずっとシリーズを貫く〈ゴジラ〉の性質であったのだ。

ゴジラはそもそも一作目から常に広い象徴性を持っており、様々な「排除されたものの凝集物」であった。「英霊」や「第二次世界大戦の死者」は、むしろ複数の解釈可能性のうち、心理的に有効性を持ち裏づけがあると考えられる有力な説の「ひとつ」であるに過ぎない。

「アメリカの影」もタブーではなくなった

加藤が『シン・ゴジラ』を評価するもう一つのポイントは、米国と日本を巡るタブーを描いた点にある。

> 作中、主要な登場人物の一人がいうように、「日本は米国の属国なのだ」。この映画におけるように淡々とした自明な口調で、この〝タブー〟が日本のエンターテイメント映画のなかで語られたことは、おそらくこれまでになかったはずである。(P170)

このアメリカとの「ねじれ」という問題は、加藤の『アメリカの影』、『敗戦後論』、『戦後入門』などで、彼が指摘し続けてきたことである。

加藤が参照している江藤淳や、石原慎太郎らも問題にした、戦後の日本をどう受け止めるのかに関わる重要な論点である。

「アメリカの属国」であるというタブーを語った『シン・ゴジラ』は、「電通」という別種のタブーがあると語る。

これでは、まるで、「菊」や「アメリカ」など、タブーを打ち破るたびに、新たな批判の正当性の軸として別の「タブー」を持ち出してきたように見える。

「第一作における「米国」の位置に、いま「電通」が位置している」と加藤が書くのは、戦後にGHQが行った検閲と、そのシステムの残存によって、作中の表象を――フロイトの言う、夢の検閲官のように――変形させてしまう超越的な規範を意識してのことであろう。

第一作が公開された一九五四年は、一九五一年に締結されたサンフランシスコ講和条約によって、やっとGHQによる映画検閲が廃止されたばかりである。表向き廃止されたとは言っても、やはり、おっかなびっくりのところがあったのだろう。

しかし、今では、「米国の属国である」という、戦後日本の根幹に関わる（らしい）タブーすら言えてしまう。その代わり、タブーを再生産し、言いたいことも言えないようにしている検閲官として、「電通」が存在していると、加藤は考えているようだ。

それ自体は、分からないでもない。事実として、「電通」が自主規制を行ったり、マスメディアなどの領域でタブーを作ったりすることはあるのだろう。

しかし、この「電通」への言及は、これまでの加藤のゴジラ論から見ても、他の『シン・ゴジラ』評と比較しても、唐突に見える。

「天皇」と「ゴジラ」という問題系を振り捨てて、「電通」のタブーをより前景化させることの必然性は一体何なのだろうか。

菊のタブーから、核のタブーへ

加藤が「電通」のタブーを強調する意味を、彼が語っていない部分も補いつつ、解釈する道がある。加藤はこう言っている。

> 庵野版のゴジラ映画では日本に大地震も原発事故も、起こらない。理由は明らかだろう。このゴジラの出現自体が、地震と原発事故の発生であり、ゴジラはその「換喩」なのである、〔…〕三・一一の原発事故が日本社会の無意識の領域で、一九五四年の巨大な水爆実験事故の衝撃に肉迫、さらに凌駕したらしいという事実が、このことの背景にあるだろう。私の関心からいえば、この「よみがえり」によって、「シン・ゴジラ」のなかで、日本の戦後と、また災後ともいうべき、異質な二つの時間が出会い、一つの相乗を形づくっている。（P165）

ここから、こうも推測できる。

かつては「菊のタブー」、「アメリカのタブー」を問題視していた加藤が「電通のタブー」を問題視するのは、「第二次世界大戦」と「東日本大震災」の差に由来する。端的に言えば、原爆と原発の差と言ってよい。

電通のタブーとは、具体的に言えば、原発事故の報道のことを指すのだろう。博報堂で営業を十八年間務めた本間龍は『原発プロパガンダ』にこう書いている。

反原発報道を望まない東電や関電、電事連などの「意向」は両社によってメディア各社に伝えられ、隠然たる威力を発揮していった。東電や関電は表向きはカネ払いの良いパトロン風の「超優良スポンサー」として振る舞うが、反原発報道などをしていったんご機嫌を損なうと、提供が決まっていた広告費を一方的に引き上げる（削減する）などの強権を発動する「裏の顔」をもっていた。そうした「広告費を形にした」恫喝を行うのが、広告代理店の仕事であった。〔…〕電事連がメディアの報道記事を常に監視しており、彼らの意図に反する記事を掲載すると専門家を動員して執拗に反駁し、記事の修正・訂正を求められたので、時間の経過と共にメディア側の自粛を招いたのだった。／こうして3・11直前まで、巨大な広告費による呪縛と原子力ムラによる情報監視によって、原発推進勢力は完全にメディアを制圧していた。（Pv）

原発の問題を「隠蔽」し、人々の集合的な精神に歪みを作り出し、新たな「ねじれ」を生むものとしての広告産業こそが、「電通」という名によって、加藤が問題にしたい「タブー」ではないか。

原発には、アメリカと日本の関係性の問題点が凝縮されている。原発を問題視するなら、必然的にアメリカとの関係も問題視せざるをえない。

事故を起こしている福島第一原発は、日本とアメリカが共同で作った発電所である。ＧＥ、東芝、日立が原子炉を作った。設計図はアメリカに作られた原子炉をベースにしていたため、日本のような津波が来ることを想定した設計ではなく、そのため、今回の東日本大震災のような事故が起きうる脆弱性が残った（後に作られた原子炉ではその脆弱性は改善されている）。

原発事故が、想定外でも天災でもなく、人災であるとしたら。

なぜ構造的欠陥のある原子炉を、日本とアメリカは共同で作ったのか、その責任を問わねばならなくなる。

「平和利用」と宣伝し続けてきた「原子力」と「核兵器」が、本質的には同じものであったことに直面しなければならなくなる。

両者は、原子力を用いる点では変わることはない。「潜在的核抑止」論で言われるように、原発とは、核兵器製造のポテンシャルを維持するために核兵器の材料を確保することを目的のひとつとして作られたものであり、「平和利用」というのは建前に過ぎなかったのではないか。そのような可能性も、「タブー」とせず、検討しなければいけなくなる。

それぞれの原発から出た使用済み核燃料は、再処理工場で加工し（日本では六ヶ所村で行う予定）、ウラン・プルトニウム混合酸化物を取り出し、高速増殖炉で燃料として使う。これが核燃料サイクルと呼ばれるものである。

なにか理想的なエネルギー利用のようだが、高速増殖炉で燃料として使われた放射性物質は、プルトニウム239になる。この高濃度のプルトニウム239は核兵器の材料となる。この材料を確保しておくために、効率が悪くリスクのある原子力政策を無理して行っているのではないかという意見がある。

その根拠のひとつが、一九六九年に「外交政策企画委員会」が作成した「わが国の外交政策大綱」である。「極秘　無期限」と判子の押されている秘密文章だったが、今では秘密指定解除がなされて、外務省のホームページで読むことができる。[3] そこにはこう書かれている。

> 世界の「不安定な安定」は、東西両陣営の力関係、特に米ソ二超大国の核戦力の関係に基づいて生れた相互抑止作用によつて維持されている。〔…〕核兵器については、NPTに参加すると否とにかかわらず、当面核兵器は保有しない政策をとるが、核兵器製造の経済的・技術的ポテンシャルは常に保持するとともにこれに対する掣肘を受けないように配慮する。[4]
>
> （P67、強調引用者）

つまり、核兵器は保有しないが、いつでも作れる状態にしておくという方針が明確に示されている。菊のタブーでも、アメリカのタブーでもなく、電通のタブーを加藤が強調する意味を読み解くならば、より問題性の高いこのタブーを意識してのことではないかと思われる。

しかし、それは「電通」のタブーと呼ぶのは適切ではないと思われる。それは「核のタブー」と呼ばれるべきではないか。その中には、アメリカのタブーも、電通のタブーも含まれる。

このように補助線を引くことで、加藤の『シン・ゴジラ』評をはじめて理解できるようになる。

原発事故を、東京で

加藤が『シン・ゴジラ』論を書いたのに対して、赤坂憲雄は『シン・ゴジラ』論を書かず、沈黙するということを選んでいる。

二〇一六年一〇月に開催された日本比較文学会・東京支部のシンポジウム「宮沢賢治と現代——東日本大震災後の視座から」に登壇した赤坂にぼくが質問したところ、赤坂は、依頼は受けているものの、書けないのだと答えた。

ゴジラ論において最も有力な評論を行っているのが加藤典洋だとすれば、赤坂憲雄は、東日本大震災後のゴジラ論において、最もぼくの胸を打った書き手である。天皇と原発の問題を検討するこの章で、ぼくは赤坂の嘆きに対して、『シン・ゴジラ』解釈を通じて応答を試みたいと思う。

二〇一四年に赤坂は、『ゴジラとナウシカ——海の彼方より訪れしものたち』を刊行している。その中で、東日本大震災に遭遇し、『ゴジラ』と『ナウシカ』を見続けていた経験を記述している。

三・一一のあのときから、しばらくは言葉を失っていた。地下の書斎に篭もって、ただパソコンの画面に眼を凝らしつづけた。思い出したように、テレビを見て、新聞を読んだ。／それから、パソコ

❖3 外交政策企画委員会「わが国の外交政策大綱」外務省ホームページ（http://www.mofa.go.jp/mofaj/gaiko/kaku_hokoku/pdfs/kaku_hokoku02.pdf）より。二〇一六年九月三〇日取得。

❖4 詳細は、限界研編『東日本大震災後文学論』所収の拙稿「同時代としての震災後」参照。

ンの小さな画面で、『ゴジラ』に見入った。さらに、アニメ版の『風の谷のナウシカ』を、やはりパソコンで観た。（P5）

そして、このように嘆いた。

なぜ、またしても東北なのか。なぜ原発なのか。なぜ、東京の「負」を東北が背負わされるのか。それが現在の事実か、それが構造か。東北が依然として強いられている辺境としての役割と、それはまったく無縁といえるのか。（P7）

ぼくの解釈では、『シン・ゴジラ』のゴジラは、この嘆きを含みこんでいる。震災で死んだもの、原発の被害を受けたもの、それら全ての怨念が、「東京」に報復にくる映画が、『シン・ゴジラ』ではなかったか。天皇にではなく、首都に生きるもの——発電所を貧しい地域に押し付け、その電力で繁栄を謳歌してきたものたちへの、報復なのではないか。冷温停止したゴジラとともに生きるとは、原発の廃炉を延々としなくてはならないという意味だけではなく、この死者たち、犠牲者たちとともに生きるという覚悟を示してはいないか。

そう解釈する根拠は、映画の末尾の、死者達の苦悶に見える尻尾である。

『シン・ゴジラ』に、身体損壊や死体の描写がないことは、つとに指摘されることである。それは、ゴジラ映画としての「コード」ではない。他のゴジラ作品では血も死体も映る。意図的に映していないのである。しかし、その「死体」——津波や原発事故の関連死者を隠喩的に含む——は、ゴジラに吸収されたのではないかというのが、ぼくの考えである。「尻尾」にある人間の苦悶の表情。あれは、ゴジラに吸収された人間の死骸なのではないか。少なくとも、それを想起させはしないか。

東北に背負わされた、原発とその犠牲者の報復として解釈しうるもうひとつの根拠は、ゴジラのルートである。

ブログ「妄想ジャンキー。」の考察「『シン・ゴジラ』ネタバレおまけ、30,000字じゃ語り切れなかったこと【ゴジラロードまた追記】」によると「2回目の上陸ルート。東京駅—稲村ケ崎のルートをそのまま伸ばしていくと。福島第一原発にぶつかる」。

ゴジラのルートに関しては、ブログ「音楽と城と時々アニメ」の「シン・ゴジラの行動ルートに関する個人的な考察」シリーズなどが、グーグルマップなどを用いて詳細な考察を行っている。

ここで断言する。『シン・ゴジラ』におけるゴジラとは、東北や福島の、首都に搾取され、送電させられ、貧困ゆえに、まるで娘を身売りするかのように土地を原発に売らざるを得なかった怨念の全てが篭もっている存在である。

原発を首都に作り、そこでメルトダウンさせてやりたいという報復の衝動が、『シン・ゴジラ』の中にないと言えようか。いや、少なくとも、ぼくにはそう見える。一作目のゴジラが、東北出身の貧しい兵隊達の決起である二・二六事件の陰を引きずっているように、本作もまた、東北の、首都への反撃なのである。

さらに言えば、ゴジラを倒した力も、また、東北の力のようにも見える。

津波が到達して根こそぎになった地域は、平坦に慣らされ、たくさんのクレーン車が工事している。そのクレーン車たちはまるで、怪獣のようである。

「復興」の力がここにはある。『シン・ゴジラ』が、情報社会やポストモダンなどの要素を吹き飛ばし、小松左京原作の『日本沈没』のような、土建的なノリを全面に押し出し、それによって津波と原発事故のメタファーであるゴジラと戦ったのは、明白に「復興」のリアリティと関係しているようにぼくには思われた。自然災害と原発事故、その両方と人間の戦いを、擬似的に「東京で起こす」映画として『シン・ゴジラ』を観ることは可能である。東北出身の友人の一人は、実際、そのように観ていた。

復興しようとする日本と、忘れ去られたくなくて抵抗する死者と災害と事故そのものとしてのゴジラの対決。葛藤。『シン・ゴジラ』というのは、その引き裂かれた葛藤そのものを突きつける映画なのだ。

少なくとも、死者と原発事故のことを忘れるなと、東京に刻み込む結末であることに、異論はあるまい。たとえ、放射性物質の半減期が短いとか、未知の元素が見つかったなどという、甘い逃げ道に腹が立ったとしても。タバ作戦が、神奈川を見捨てて東京を優先する作戦であることに、地方の人間として、腹が立つ要素があるにしても（東京ばかりを優先することに対する自己言及は作中にあるが）。

君の名は、ゴジラ。——象徴ゴジラ制へ

ゴジラは、「東京」のど真ん中に居座り、冷温停止した原発のように、再臨界の危険と隣り合わせのまま、鎮座し続けている。

グローバル時代の文化象徴としてのゴジラは、ここで、象徴としての天皇になりかわる。まるで自分こ

そが、その不在を埋める、新たな象徴であると高らかに宣言するかのように。

天皇（＝君）が「神」ではなくなってしまった今、核兵器・戦争の死者・原発・自然災害の複合物である自分自身こそが、新たなる神であり、國體《こくたい》であるとでも、言うかのように。

いまやこう言うべきであろう。

〈君〉の名は、ゴジラである、と。

第三章　ゴジラ対メタゴジラ

解釈を拒絶して動じないものだけが美しい

——小林秀雄「無常といふこと」

象徴ゴジラ制

虚構内存在としての〈ゴジラ〉

一作目のゴジラは、あまりに圧倒的である。

あまりに恐ろしい。あまりに禍々しく、不気味だ。

それを、〈リアル〉と言い換えてもいいかもしれない。ラカンが言う意味での〈現実界〉に相当する、絶対に人間には接触することのできない、絶対的なものとしての〈リアル〉の一部が、一作目のゴジラの中には、顕現していたように感じられる。

多くの語り手は、この奇跡に圧倒され、その秘密の解明のために、様々なアプローチに駆られてしまう。作中に出てくる描写、及び、関係者インタビューなどから、「明白」に、ゴジラが象徴しているものと解釈可能なものを列記しよう。


原爆、空襲、戦争、水爆実験、放射能マグロ、土着的な伝説、生き残った恐竜、機雷——

物語内容だけではない。光と音による芸術である映画において、ゴジラというのは、あまりに黒い影である。光の芸術の中にある黒とは、映画館の暗闇や、スクリーンの外世界にある「現実」と繋がっているように感じられる。

心理的なリアリティ、そして、技術的・映画的な技法。どちらに比重を置く解釈も、一作目の「不気味さ」、「圧倒的なもの」を飼い慣らし、知に置き換えてしまおうとする努力の別種の現れである。どちらもすり抜けてしまうところに、ゴジラの謎と魅力がある。

ゴジラが、戦後どころか、震災後の日本においてもぼくたちの胸に響くキャラクターとして存在する核心はそこにある。

以下、シリーズを通して、その姿や性格が変わりながらも、ゴジラという名前で呼ばれ続けるキャラクターのイデアを指し、〈ゴジラ〉と呼び、作品名としての『ゴジラ』と区別することにする。

〈ゴジラ〉を論じるときに必要なのは、「社会状況、時代背景」を無視せず、しかも、「技術論、映像論」も無視しない態度だ。奇跡的に生まれ、解釈しつくすことのできないゴジラ。この存在を一九五四年に「誕生」させてしまい、半世紀もたったいまもぼくらの胸に生き続けている、〈ゴジラ〉。この事実性の前に、ぼくらは跪きながら、様々な解釈を見ていくことで、多様な解釈の影を生みだす光源――あるいは、黒い太陽――としての〈ゴジラ〉を割り出していくこと。これこそが、有効な方法のひとつとなるだろう。

その点では、川本の言う「『ゴジラ』には、破壊のカタルシスもないし、水爆や原爆の恐怖すらもスペクタクルの遊びにしてしまう荒唐無稽さもない」（P77）という意見には反対である。ぼくは破壊のカタルシスを感じる。スペクタクルの快楽もあると思うのだ。それは、『ゴジラ』が第二次世界大戦の死者達の慰霊の意図を持っていることや、水爆や核兵器の恐怖に対する警鐘を鳴らす、深刻で真面目な意図を持っていたことと、矛盾しない。『ゴジラ』の魅惑とおぞましさ、恐怖の快楽とでも呼ぶべきもの、絶望の陶酔感とでも呼ぶべきものの性質は、この二つが「同時にある」ことから生じているのではないか？

破壊そのものの快楽を、観客として安全なところで感じながらも、同時にそう感じてしまう欲望こそが、戦争や核兵器の実際の行使につながり、自身の生活している環境すら破壊することを生み出すかもしれないという、美学と倫理のあわいでの震撼。

〈ゴジラ〉はそこにぼくたちを連れて行く。

その両方の捩れの中で震撼させられるからこそ、ぼくたちは、おぞましい〈リアル〉が自身を貫いてしまったと感じる。『シン・ゴジラ』が、東日本大震災の津波や原発事故という現実を想起させながらもぼくたちに何か解放や救済を与えたのは、初代ゴジラのその性質を、見事に抽出し、受け継いだことによる。この〈ゴジラ〉の性質は、どんなに出来の悪い（シン・ゴジラとその完成度を比べられて、嘲笑される）ゴジラ作品の中にも、たとえ部分的で微かであったとしても、脈々と生き続けてきた。

この〈ゴジラ〉の性質を重視するのならば、二作目以降のゴジラシリーズを無視してはいけない。シリーズの変遷に従って、公害その他、怪獣が様々な社会問題などの象徴として〈ゴジラ〉が姿を次々に変えていくありさまが見える。

この章で論じるのは、〈ゴジラ〉の持つ、象徴の多様性、多数の解釈可能性である。言い換えるなら「虚構内存在」としてのゴジラの存在論を考えていくということになる。

虚構内存在とは、筆者が『虚構内存在――筒井康隆と〈新しい《生》の次元〉』で中心的に論じた概念である。元は、筒井康隆の「超虚構理論」の中の概念であるが、現代に向けて拡張して定義を行っている。「・フィクションの中のキャラクター／・文字に書かれたもの全て／・メディア越しに「現実」を理解するしかできず、自らの生を支えるために理想や理念・思想などの様々な「虚構」を必要とせざるを得ない我々の生」（P10）の三つを同時に指す。

ややわかりにくいと思う。詳細を知りたい方は著作を読んでいただきたいのだが、本書だけ読んでもこの概念を設定する狙いは充分に分かるように書かれているので、ご心配なきよう。

その虚構内存在としての〈ゴジラ〉の性質を、メタ視点から引いて考える場合、そのゴジラを「メタゴジラ」と呼ぶことにする。

果たして〈ゴジラ〉とは、如何なる存在なのか。

あらゆる象徴に「なりすぎる」〈ゴジラ〉を明らかにするために、ぼくたちは、「メタゴジラ」を召喚し、対峙していくことにしよう。

〈ゴジラ〉の観客論

『ゴジラ』が、なぜシリーズ化されたのかを考える際に、敗戦のショックや、第二次世界大戦の死者たちを持ち出す集団心理学的な読解が、川本三郎、赤坂憲雄、加藤典洋、笠井潔と続く、「ゴジラ死者説」の基本的な構えであった。

しかし、映画というのは、そのような心理学的な側面〝だけ〟で見られるものでもない。そのような心理的な背景がなければ面白くないのだとすると、なぜメキシコ人監督であるギレルモ・デル・トロは、『パシフィック・リム』で本多猪四郎に献辞を捧げ、ブルーレイディスクのコメンタリーで一作目のゴジラを熱狂的に語っていたのかがわからなくなる。彼だけではない、全世界にいる「ゴジラオタク」たちが何故「ゴジラ」や「怪獣」に人生を変えられるほどの衝撃を受けたのかの説明が付かない。

ぼくは、靖国神社が、教室から見える二松学舎大学の四号館で講義を行っている。毎年、三島の『英霊の聲』を扱っているのだが、学生達はまったくピンと来ていない。今二〇歳の若者だから、一九九五年以降の生まれである。あの敗戦から半世紀を経て生まれた若者たちにとって、それは仕方ないことだろう。

しかし、その彼らも、『ゴジラ』一作目を授業で観せると、感銘を受けているらしきコメントを講義後に返してくるのだ。

なぜ、感銘をうけるのか？　戦後日本の「ねじれ」や「死者」の問題は、ぼくらの心理の中ではそれほど強いものではない。

だとすると、もっと即物的な、作品に内在した理由があると考えた方が良い。

作品を鑑賞した観客がどのような経験をしているのか。高橋敏夫の論が最も参考になる。『ゴジラ』を鑑賞している際の経験を、高橋はこのように記述している。

その世界のなかで、わたしはつぎつぎに変容していく「流体」のようなものではなかったか。暗闇のなかからその「声」だけをきいていたとき、わたしは恐怖する人々であった。やがてわたしは、恐怖する漁民であり、恐怖する遠洋航路の船員であり、夫をうしなって恐怖する家族であり、ガイガーカウンターの異常反応に恐怖する調査員であった。
ゴジラがあらわれてのちのもまだ、わたしは恐怖する人々であった。
原爆マグロとかさねてゴジラを恐怖するサラリーマン、ＯＬであり、海上に突如あらわれたゴジラを恐怖する納涼遊覧船の客であり、そして、恐怖し逃げまどう群集であった。
気がつくと、わたしは、暗闇のなかで真っ暗な都市を彷徨う孤独なゴジラであった。

（『ゴジラの謎――怪獣神話と日本人』Ｐ27）

映画のなかで、観客は流動的になる。原理的に、全ての映画は、感情移入を「主役」以外にもできるため、観客に流動性を強いる。「感情移入」と呼ばれる、やがて脳神経科学の知見で明らかにされるだろうこの経験において、鑑賞されている映画と、鑑賞している観客は、没入によって、分離を失い、（擬似的な）同一化をする。

その流動化の効果が、『ゴジラ』の場合は、他の映画よりも著しく起こる。その原因は本多自身の映画作りの態度によって生まれた部分もある。

ぼくは、観客と一体になるという気持ちが強いんですね〔…〕自分の考えてることを、こういうふうにすると自分と同じような気持ちになる。観る人と一体となって良かったという安心感というのがね。

（『「ゴジラ」とわが映画人生』Ｐ２２４）

作中の主要登場人物のみならず、ゴジラ、逃げ惑う民衆、そして壊される建物にすら感情移入ができる。その原因を「八百万の神」がいる日本の特殊性に帰する意見もある。あまりに安易な見解であるがゆえに抵抗したいが、そのようなアニミズム的精神と、映画というテクノロジーの芸術が融合したが故におそらくは〈ゴジラ〉がこの性質を観客に強く感じさせるようになった側面があることも否定しがたい。「解釈可能性の塊」であり「象徴の象徴」である、光の映写されていない単なる「闇」である〈ゴジラ〉は、撮影、編集の段階でバラバラな断片を寄せ集め、「カット」によって切断されながら「連続」していく映画という芸術の中における「連続性」そのものなのだ。

それは、時間そのものである。フランケンシュタインが死体の断片から生命を作り出したように、撮影されたフィルムの断片を切り刻んで作り上げられた擬似的な生命体なのだ。そして、フレームとフレームごとに明滅し、絶えず「切断」されていながら「連続性」を錯覚する、映画という自動機械の駆動性そのものの現れである。

ゴジラは映画という装置の持つ連続性を極端化させた存在である。ゆえに、人間とそうでないもの、被害者と加害者などの区別を壊乱し、画面の中に写っている全てに対し「連続性」を感じさせ、観客に、映画と自分の「連続性」を感じさせる。

「連続性」とは、バタイユの言う意味での「連続性」である。個であることそのものの孤独を忘れさせてくれる、全体主義的な欲望に近い、ある種のエクスタシーの体験。

他方で私たちは、失われた連続性へのノスタルジーを持っている。私たちは偶然的で滅びゆく個体なのだが、しかし自分がこの個体性に釘づけにされているという状況が耐えられずにいるのである。私たちは、この滅びゆく個体性が少しでも存続してほしいと不安にかられながら欲しているが、同時にまた、私たちを広く存在へと結びつける本源的な連続性に対し強迫観念を持ってもいる。〔…〕肉体のエロティシズム、心情のエロティシズム、聖なるエロティシズムについてこれから順次語りたいと思う。そうして私は、これら三つの形態のなかでつねに問われているのが、存在の孤立を、存在の不連続性を、深い連続性の感覚に置き換えることだということをしかと明示したいのである。

(『エロティシズム』P24-25)

第二次世界大戦やファシズムを経験した私たちは全体主義的なエクスタシーに浸ることは「倫理的に」許されない。だからこそ、〈ゴジラ〉やサブカルチャーという世間からはバカにされるような「虚構」の中の祝祭によってそれを満たす必要が出てきた。「所詮これは低俗な文化ですから、主流の文化とは異なって、たいした影響力は持ちませんよ」という身振りで、高級/低級の文化の二重化を行い、その使い分けにより、倫理的であることと、それに抗ってしまう心情の双方を飼い慣らしてきた。

『ゴジラ』は、テクノロジーによる、アニミズムと全体主義の復活であり、復讐であり、仮想化である。映画という虚構のなかにそれを押し込めた時点から、魅惑的でもあり破壊的でもある衝動の「無菌化、衛生化」は始まっていた。

そしてこの「連続性」は、芹沢博士とゴジラが、共にオキシジェン・デストロイヤーで死ぬ瞬間に頂点に達する。

本多は言う。

ぼくが若いときなんていうのは、本当の男と女の愛情の極致っていうのは心中じゃないかと言ってたんだよ。心中しなくちゃならないほど昇華した二人の生命が一緒に絶たれるということでこそ、本当の愛が確かめられるんであってね。〔…〕最も純粋に二人が愛し合ったときには、一番幸福なときにこそ、それこそセックスも何も全部集約してね。その絶頂の悦びの中で命が絶えることは、これこそが恋愛の極致であるというね。

（『わが映画人生』P132）

この、エクスタシー＝死という究極の恋愛観は、『ゴジラ』にも踏襲されていると見ていい。本多が自身に一番近いと語る芹沢と、ゴジラとは、互いに心中し、「愛」を実現する。そして水の中で互いの細胞を溶け合わせて死ぬことで、個体としての死を超えるという意味での連続性のエクスタシーに達する。

この結末は、単なる悲劇ではなく、官能的で性的な魅惑すら漂わせている。非常に危険な誘惑を隠し持っているシーンであり、だからこそ「水爆実験の恐怖」や「科学の脅威」という道徳的な評論に収まりきれない「何か」をぼくたちに感じさせる。

現実と虚構という境界面を割って現れる存在

〈ゴジラ〉の性質について、卓抜した「メタゴジラ論」を書いているのが、切通理作だ。『本多猪四郎　無冠の巨匠』で切通は述べている。

「スクリーンに写っているものが、本当のものとしてあらわれる瞬間。現実と架空という境界面を割ってあらわれる、圧倒的な存在。それが怪獣である」（P8）、「〈僕ら〉にとって怪獣とは、まったくのウソ話でありながら、日常と非日常の狭間にその手掛かりがあるような「ちょっと触ってみたくなる」存在なのだ」（P36）と語っていることは、実に率直かつ怪獣の魅力の本質を捉えている。「怪獣」などは、所詮は映画の中の作り事である、それは百も承知の上で、「現実と架空という境界面を割って」現れる、「日常と非日常の狭間にその手掛かりがある」存在こそが怪獣である。

戦後日本において特権的な地位を得ている〈ゴジラ〉というキャラクターの持っている魅力の根源部分にこの言葉は触れている。〈ゴジラ〉とは、虚構と現実、日常と非日常の、重なった部分、あるいはその狭間から立ち現れる、虚構とも現実ともつかない存在なのだ。

高橋敏夫も『ゴジラの謎――怪獣神話と日本人』において、「怪獣という存在の意義」をこう書く。「存在は実在にとってかわることはできない、しかし、実在しない存在ゆえにこそ、実在以上の力を、あるいは実在にはない力をもつことがある」（P66）と。

「虚構と現実」を往復したり横断する性質を〈ゴジラ〉は持っている。それがゆえに、「震撼させる」、「自身を問わせる」効果が観客に生じる。高橋の言葉で言えば「「くらくら」というより「ぐるぐる」といった、わたしの居場所がみるみるあいまいになり、世界が見慣れないなにかになっていくような感覚」（P29）に観客が巻き込まれる。〈ゴジラ〉の眩暈のような魅惑は、「虚構と現実」を混乱させたり断層を作り出すことによって生まれる。

私事になってしまうが、高橋の講義を早稲田大学で受けていたときに、ゴジラ展についてのトークショーのタダ券を高橋が配ったときがあった。タダに釣られて、川崎市岡本太郎美術館で開催されていた「ゴジラの時代　SINCE GODZILLA」展を観にいった。そこで、ゴジラが真剣なものとして展示でき、真面目に語ることができることを知って、価値転倒のくらくらした思いを味わった。〈ゴジラ〉にぼくたちが感じる、畏怖にも近い感覚は、映画の巧みな技術と主題によって、観客達が「虚構と現実」の狭間の、何とも分からない奇妙な次元に呑み込まれることによって生じる。虚構と現実との区別の感覚を揺さぶることこそが、〈ゴジラ〉の魅力の核心部分にある。

だからこそ、その力を、再び最大限に引き出した『シン・ゴジラ』は、「虚構と現実の区別がついていない」語りを誘発するのである。

象徴としてのゴジラ

〈ゴジラ〉が語らせる性質を持つのは、〈ゴジラ〉が、あらゆるものの象徴になりすぎるからである。このことを指摘したのは、加藤が最初ではない。

八本正幸は、様々なものの投影を許す器であることが、ゴジラの持つ力としてあるという見解を『ゴジラの時代』の中で示している。

> 作られた時代の影響をもろに受けて、まさに時代の象徴として存在するゴジラもいれば、時代から取り残されて居心地が悪そうなゴジラもいる。同一のキャラクターでありながら、その時代その時代

の人々の願望や限界を具現するかのように出現したゴジラは、観る人の数だけ様々なイメージで捉えられてきた。統一感のないことが、むしろここでは存在（あるいは現象）の多様性、奥行きの深さを示しているように思われる。

（『ゴジラの時代』P15）

筆者は、全てのゴジラ作品を愛そうとする八本の立場に敬意を示す。と、ともに、シリーズ全体を貫く、決して同一の個体であるとは思えない、概念≒キャラクターとしての〈ゴジラ〉。様々な投影や解釈を受け入れる無言のブラックホールのような〈ゴジラ〉という見解に全面的に賛成する。このような、解釈や投影を受け入れる器としてのゴジラを、「象徴としてのゴジラ」と呼ぼう。

とはいえ、いくらなんでも解釈の自由や誤読の自由があるからと言って、ある程度の輪郭や制限はなければならないだろう。フォルムや、作中での描かれ方、台詞、周辺情報などから、ある程度は絞ることが必要だ。解釈は無限に開かれているとはいえ、説得力を持ちうる解釈か否かは、作品それ自体の物質的な存在そのものから照らし返されなければなるまい。

〈ゴジラ〉の特異性は、その得体の知れなさと、多くの解釈を敢えて受け入れ飲み込む「プリズムのような闇」という性質にある。とはいえ、象徴として解釈することがいくらでも可能な対象は、それこそ、ヒーローやゾンビなど、枚挙に暇がない。[❖5]

ゴジラ論がゴジラ論であるためには、それら解釈可能性に開かれた虚構内存在群の中から、〈ゴジラ〉の固有性を見つけださなければならない。言い換えるなら、無限の解釈可能性の中から、ゴジラ特有の「幅」を見出す必要がある。これができて初めて、〈ゴジラ〉を解明したことになる。

製作者側のインタビューや発言に必要以上に拘束されるべきでもない。

作り手といえども、作ったあとには、一人の観客であり、鑑賞者である。作品には、作り手も分かっていないことが大量に含まれている。作品が生まれるプロセスは、膨大かつ複雑で（追跡する研究者には頭が下がるが）、明らかにし尽くすのはかなりの困難がある。仮に全てが明らかになったからといって、作品が持っている「威力」、「質」、与える「感動」、「震撼」の全てに説明が付くわけではない。参照すべき文献として尊重すべきであることはもちろんだが、最も優先すべきは、作品それ自体であり、それに接したときに生じる経験の総体である、という立場を本書は採る。

このような立場は、ウォルフガング・イーザーが「読書行為論」で提示した、物質としてのテクストと、鑑賞者の間にあるものこそが、「作品」の本体であるのだ、という考え方に依拠している。客観的に確認可能な物質としてのテクストと、曖昧で恣意的な主観である鑑賞者の経験。その両方の狭間にあるものと

❖5　結末の尻尾の解釈について、ゴジラが人型に進化して世界に拡散しようとしているとする説がある。作中の説明からしても、妥当な解釈の一つだろう。自己増殖していき、世界中に広まるゴジラというヴィジョンは、ゾンビ映画の想像力と近い。ゴジラが勝利していた場合、全世界は、ゾンビのようなゴジラに覆われた、ポスト・アポカリプスの世界になっていただろうと、想像させるように映画は作られている。『シン・ゴジラ』は、感染が拡大する前に食い止められたゾンビ＝ゴジラ映画でもあるのだ。ゾンビとは、グローバルな脅威の象徴である。よって、日本という範囲で解決する『シン・ゴジラ』は、ゾンビ映画との対比でも観られるべきである。ゾンビについては、近刊予定の『新世紀ゾンビ論』（筑摩書房）で詳述したので参照していただければと思う。

しての「作品」を、言語化するのは非常に難しい。特に、後者の要素を入れると、論述が客観性を失っていく危険性がある。しかし、作品や芸術がぼくらにとって意味のあるものなのは、そこで主観に起きた広い意味での「感動」があるからである。

それを無視せずに論じていくために必要な戦略は、映画の内容と、受容者たちの発言、それぞれから光を視差させることで、その偏差の中にモアレ状に浮かび上がる〈ゴジラ〉の姿を捉えることである。ロラン・バルトは、テクストを「爆発」と呼んだ。それに倣えば、「爆発」である〈ゴジラ〉の爆風を浴び、壁に転写されてしまった各々の解釈の痕跡それ自体を計測する、そこから、爆発の威力や方向、性質を明らかにしていくという戦略。それこそが、本書の採った方法論である。

引き裂く怪獣——破壊と美と両義性

両義性の怪獣

〈ゴジラ〉は、虚構と現実の断層の中から生まれた両義性の怪獣である。「両義性」そのものであるがゆえに様々な対立項を巻き込み、観客であるぼくらを二つどころか、いくつにも引き裂き、同時に「連続性」の中に溶け込ませる、恐るべきモンスターなのである。第二章で言及した、加藤の言う第二次世界大戦の「被害者」と「加害者」の両義性を突きつける「不気味さ」とは、この怪獣が突きつけるおぞましさ=魅惑のひとつの現われに過ぎず、安定した二項対立を破り不安定さを突きつける存在としての〈ゴジラ〉に対する、ひとつの解釈の現れに過ぎない。

ゴジラが壊しているのは、作中の世界だけではない。観客もまた破壊され、その痕跡を引きずる。揺さぶられた二項は、止揚も脱構築もされないまま、ただ投げ出される。それを引き起こす、あるいはその感覚が投影されることこそが、ゴジラの恐怖と魅惑の中心にある。

一作目のゴジラの中に重層的に存在している「両義性」について、高橋敏夫は『ゴジラの謎――怪獣神話と日本人』における「さまざまな矛盾の束」の節で以下のようにまとめている。

〈光〉

①中央・都市（東京）
②近代化・進歩
③科学技術（調査・マスコミ・近代兵器等）
④原水爆の未来（核による平和）
⑤未来・若者（大戸島の若者）（尾形と恵美子）
⑥愛の獲得（尾形と恵美子）
⑦平和（乙女の願い）（尾形と恵美子）
⑧秩序防衛（防衛隊＝自衛隊）
⑨オキシジェン・デストロイヤー
（より強力な兵器製造）

〈闇〉

周縁・漁村（大戸島）
前近代・停滞
伝説（ゴジラ伝説・神楽）
原水爆の不安・恐怖（ゴジラ）
過去・老人（大戸島の古老）（山根博士）
愛の喪失（芹沢博士）
戦争（ゴジラの破壊）（芹沢博士の傷痕）
秩序破壊（ゴジラの攻撃）
水爆怪獣（ゴジラの恐怖）

⑩忘却（ゴジラに対する勝利）（戦争から遠ざかる）　記憶の回帰（ゴジラの同類がいる）（戦争の問い直し）

これらたくさんの両義性が重ね合わさっているのが『ゴジラ』である。

戦争の快楽と、反戦の倫理

この両義性の中から、突出していると感じられるものを検討していこう。

まずは、破壊の快楽についてである。

率直に言って、ゴジラの破壊は、ぼくにとっては面白い。しかし、それは、同時に恐怖でもある。

その不思議、引き裂かれの魅惑がある。それは同時に謎である。

戸田山和久は『恐怖の哲学――ホラーで人間を読む』で、なぜ恐怖をもたらす娯楽を人間は楽しめるのかという問いを丁寧に追っている。その答えは、そもそも「恐怖」は情動やそれに伴う身体の反応として快であるというものだ。目から鱗のような答えである。

だが、どうも〈ゴジラ〉を論じるときにはそれだけではいけなさそうだ。その恐怖や破壊の情動的な快楽が、歴史的記憶と結びついた倫理やタブーなどの、高度な認知と齟齬を起こすことに、〈ゴジラ〉特有の居心地悪さがあるのだから（端的に言えば、戦争で自国を破壊する快楽を味わっているような部分が怪獣映画にはあるのだから、それはぼくらの一般的な倫理の感覚とは、齟齬をきたすに決まっている）。

同じように、作中に出てくる自衛隊や軍産複合体についても、両義的な感覚にさせられる。ゴジラ映画に出てくる自衛隊や防衛軍――名前はそれぞれにまちまちであるが――を観ると、どういうわけか興奮する自分を抑えることができない。正直に告白しよう。特に、本物の自衛隊が協力しているシーンの迫力には、思わず痺れてしまう。しかし、ぼくは、反戦の立場を採っている。美的感覚と、倫理的感覚が、思い切り乖離し、分裂しているのだ。

このような矛盾の居心地悪さを、怪獣の破壊と、自衛隊の格好良さの両方に感じるのだ。

「兵器は好きだけど、戦争は嫌い」という感覚を抱いているのはぼくだけではないだろう。宮崎駿監督が『風立ちぬ』でその葛藤を直截的に描いたように、戦後日本においてある程度の人数が共感しうる感覚ではないかと思われる（宮崎は、後述するように、怪獣映画の文脈を受け継いだ作家である）。

この両義の核心部分にあるものは、作品の中にあるたくさんの両義性の中でも、より突出している両義性のように感じられる。

それは何か。

一言で言おう。

戦争が、気持ちいい、面白いということである。

それは、一九五四年時点での、戦後日本最大のタブーではなかっただろうか。おそらく、そのタブーに挑戦している性質に影響され、加藤は様々な「タブー」と戦う性質をゴジラの本質に見てしまっているのだ。

しかし、それは、天皇やアメリカ、電通にだけ回収されるような「タブー」ではない。戦争そのものに内在されているタブーである。

タブーだが、それが意識化されなければ、対策も議論もできない。しかし、意識化されればその魅惑に最後に「両義性」、「タブー」の最怪獣映画が突きつけ、意識化させてくる「両義性」、「タブー」の最も中核にあるものは、戦争の快楽と反戦の倫理の相克である。

戦争の快楽を、戦後の人々は考えにくい。しかし、坂口安吾は「魔の退屈」で、わざわざ東京に残って、空襲を受けて「美しい」と書いている。攻撃を食らうことの中にすら快楽がある。「戦争と一人の女」では、空襲を受け死の危険を覚えることに、性的な愉悦を覚える女性まで描かれていた。三島由紀夫は、特攻による死の中に、「恋」の成就のようなエロスを見出していた。

戦争とは、ある者にとっては、あるいは、一人の人間のある部分にとっては、気持ちの良いものであったのだ。

そしてそれは、ロマン主義の美学と深く結びついた、ファシズムの誘惑と、日本の場合は切り離すことが難しい。

映画という虚構の中の破壊を通じて、この「戦争の快楽」、「ファシズムの誘惑」を、戦後の日本社会に改めて突きつけ、倫理や常識や価値観を揺さぶったこと。〈ゴジラ〉の震撼が、戦後日本に未だに続くのは、それ故である。

ゴジラと自衛隊——一九五四年生まれの双子

誤解しないでいただきたいのは、ぼくは戦争を礼賛しているわけでも、待望しているわけでもない。美術における未来派が、戦争は芸術だと言ったように、そこに美的なものを感じることはありうると言っているだけだ。戦争はそのような「魅惑」、「魅力」をもまた持っている。そのことを伝え、「美」としかいいようのないような（ファシズム的な）魅力を理解する。しかし同時に戦争に反対する高次の倫理へと連れて行ってくれるのが、〈ゴジラ〉である。

自衛隊と〈ゴジラ〉は、表面上は敵／味方（ないしは駆除対象）と対立しているようで、一九五四年という同じ年に生まれていることからも分かるように、双子的な存在である。この両者の共闘によって、擬似的な戦争の魅惑が、虚構の中で実演される。自衛隊もまた、「軍隊であるのに軍隊ではない」という居心地の悪い存在だ。自衛隊が虚構の世界で活躍するために、虚構の存在である〈ゴジラ〉が必要になる。

まるで、現実において、一部の例外を除いて自衛隊が戦闘行為を基本的には行わなかったのは、虚構の怪獣である〈ゴジラ〉が暴れてくれたお陰のようではないか。虚構の戦争にエネルギーを使い、戦争の魅惑を代償的に満足させてくれたおかげで、現実の戦争を欲望しなくて済んできたのではないか。

工業の魅惑と憎悪

ゴジラが壊すものについても、両義性の不気味さと魅惑が同時に発生している。

ゴジラが壊すのは、工業的なもの、あるいは近代的なものが多い。鉄塔、海岸の工業地帯、国会議事堂、タワー、電車……それらが「壊される」のを観るのが面白いのは、決してそれらが嫌いだからという、反近代、反科学、反戦後日本的な心情だけからではあるまい。電線や配電盤、工場などのストラクチャーそのものに「萌える」気持ちもあるし、それらが活躍する場面が画面に映ること自体の悦びというものもあるのだ（二作目以降は、城や山なども壊すが、基本は、工業・近代に属するものが壊されることが多い）。

新しいものは、「地方の怨念」としてのゴジラの破壊対象である。が、同時にゴジラを誘惑しているものでもあることからも、この両義性の複雑さが証される。ゴジラは光るものに怒って襲ってきていると登場人物は説明しているが、煌びやかな華やかさに誘惑されて近づいてきているとも言える。それはまるで、誘惑されて来たものの、場違いゆえに場を壊してしまった田舎者のようである。上京者であるぼくには、よく覚えのある感覚だ。

都市は、地方を誘惑することによって人材を常に流入させ続けることで存続してきた（特に、東北などから工業地帯への集団就職は、戦後における東京の高度成長を下支えした労働力の搾取である）。その都市に誘惑されると同時に居心地が悪い心情を、〈ゴジラ〉は明らかに代弁している。

『シン・ゴジラ』は、一作目の『ゴジラ』を様々な形で反転させているが、線路、高架、電線、工場など、従来、壊され、虐げられてきた（ゴジラ映画における）弱者である存在が、むしろゴジラを倒すために報復し、成功しているということは見逃すことができない。

三浦哲哉は、「最大速度の恍惚」で、『シン・ゴジラ』のもうひとつの主役として「インフラストラクチャー」を挙げている。無人在来線爆弾について、「インフラに関わる現場こそが焦点であるべきという認識の産物だろうし、そこがすばらしい」（P117）という。「インフラストラクチャーへの再度研ぎ澄まされた意識と、「機能性」への信頼の回復」（P117）が、形骸化したと思われていた怪獣映画というジャンルを復活させたと述べる。

勝ったのは日本政府や自衛隊だけではない。ゴジラが壊してきた、小さきものたちが総力を挙げて報復し、成功した映画こそが『シン・ゴジラ』なのだ。

そのように見ることで、この映画のメッセージは、大きく変わってくる。国家権力やエリートだけが活躍する映画であるという見方が、反転するのだ。

ゴジラは「美」である

これらの両義性が示すのは、〈ゴジラ〉が「美」であるということである。

えっ。

こいつ、唐突に何を言い出したのかって?

確かに、〈ゴジラ〉は、あのように醜悪な顔相をしている。

それが「美」だと言われても、素直に頷く人間は少ないだろう。ここで言う「美」とは、日常言語の用法とは異なる、特殊な意味合いで使っている。

西洋の哲学・人文学における「美学」の歴史を検討したテリー・イーグルトンは、「美」について、このような見解を示している。

> 美的なものが近代思想のうちにあって支配的役割を演じてきたとすれば、その理由の一端はいうまでもなく、美的なものという概念の融通無碍さにある。いわば機能の不在を意味していると想定される考え方であるにしては、これほど多岐にわたる機能を果たしている観念は、ほかにほとんど考えられない〔…〕執拗に美的なものが回帰してくるとすれば、その理由のいくぶんかは、定義のある種の不確定性、多様な先入見の範囲のうちにそれを立ち現させる不確定性にある〔…〕そうした先入見として数えられるもののうちには、自由と合法性、自発性と必然性、自己規定、自律性、特殊性と普遍

性などがあるだろう。

（『美のイデオロギー』P9-10）

つまり、イーグルトンは、ここで「美」という言葉・概念そのものが、どのような政治的・社会的な機能を持っていたのかを明らかにしている。すなわち、「美」とは、社会が政治的・哲学的に解決できない矛盾（自発的でありながら必然的であるとはどういうことか。個人が自由でありながら、社会に秩序があるためにはどうしたらよいのか）に突き当たったときに、なんとなくモヤモヤした「美」の中に放り込んでおけば解決するだろうと思って投げ込む魔法の箱のようなものである。この傾向が、近代西洋の美学にあったことを、イーグルトンは鮮やかに論じている。これは近代西洋だけではなく、現代日本における「アート」も似た機能を持った概念として利用されている。詳しくは編著『地域アート——美学／制度／日本』を参照していただきたい。

「美」は、解決困難な矛盾や両義性を覆い隠す装置だ。その機能の仕方は、まさに「両義的」である。保守にも革新にもなるし、隠蔽にも暴露にも使える。

美的加工品に関する近代的な考え方の組み立ては、近代の階級社会の支配的なイデオロギー的形式の組み立てと不可分のもの、そうした社会秩序にふさわしい、全面的に新しい人間の主体性の形式と不可分のものにほかならない〔…〕同時に、ある意味で理解するならば美的なものは、すでに触れたような支配的なイデオロギー的形式に対して著しく強力な異議申し立てと代替物を提供するものであり、その意味からいってきわめて矛盾に満ちた現象なのだと論じるものである。

（P10）

「美」は、既成の権力に都合の良いイデオロギーとしても機能するし、それに異議申したて、破壊しつくして新しい世界を切り拓くものとしても機能する、そのような両義性がある。

これを西洋の美学において「美」と呼んできたのなら、〈ゴジラ〉とは、戦後の日本で「美」に相当する機能を果たしていたと言いうる。解釈が融通無碍であり、何でも受け入れ、支配的なイデオロギー奉仕するプロパガンダの側面と、それに抗う側面の両方を併せ持つ。

『シン・ゴジラ』もまた、イデオロギー的には様々な両義性、多義性、解釈の可能性を持つように作られている。ある種の政治的・哲学的な「矛盾」そのものが放り込まれるブラックボックスとしての「美」の機能は、使う人間次第である。矛盾を美的に糊塗してカタルシスを与えガス抜きする結果になるのか、矛盾を顕在化させ観客に突きつけ問題を先鋭化させ、次なる次元へと加速させるのか。

ゴジラは、日本社会において、そのような存在として機能し続けてきた。その意味で「美」なのである。「美」とは、政治的・社会的矛盾を糊塗し、同時に噴出する場所に現れる。

「解釈を拒絶して動じないものだけが美しい」

小林秀雄が第二次世界大戦中の一九四二年に書いた「無常といふこと」の中に、「解釈を拒絶して動じないものだけが美しい」という有名な台詞がある。「解釈だらけの現代には一番秘められた思想だ」と小林は言う（『小林秀雄全作品14　無常という事』Ｐ１４４）。

こちらは、イーグルトンの考える、定義不能性ゆえの「美」とは異なっている。むしろ、真に「美」に打たれて感動して書かれている。

その差を踏まえたうえで、少しばかり両者から自由に思考を展開させてみると、ひょっとすると、〈ゴジラ〉とは、解釈を拒絶して動かぬからこそ、あの見た目に反して、美しいのかもしれない。何もかもを映し出すことができ、投影することができるスクリーンの中にある「闇」であり、全てを吸い込んでしまう黒々としたただの存在として、解釈攻撃をどれだけ受けても動じない横綱相撲的な有様こそが、〈ゴジラ〉の魅力の底にある。

なんとでも解釈できるが故に「美」であると同時に、解釈を受けて動じないが故に「美」である〈ゴジラ〉。解釈を衣のように纏い続けて膨れ上がるが、それでも動かない中心の空虚としての〈ゴジラ〉。無論、これは、ロラン・バルトが『表徴の帝国』で論じた、東京の中心にある空虚としての皇居という論を踏まえている。

〈ゴジラ〉とは、虚構の中に生まれ、現実の人々の心に住み続ける「常なるもの」である。それは、失った「常なるもの」の代理である。

「無常」すなわち、いつも自然災害や戦争などの被害を受け続けてきたがゆえに「常なるものはない」と受け流す態度を持ってしまった日本において、災厄そのものでありながら、同時に「常なるもの」の代理として機能する存在。連続する災厄をいかにして受け止めるかという、本来であれば宗教や哲学などが行わなければいけない課題が、映画という大衆文化の中で模索されてきた形跡こそが、ゴジラシリーズであり、そこにおける「超越的なもの」として、ゴジラは機能してきたのだ。

この問題は、第五章で再び検討される。

そのような予告をした上で、『シン・ゴジラ』に行われた無数の〝解釈爆撃〟を見ていく。

『シン・ゴジラ』に対する解釈の砲撃

ブログ、ツイッター、フェイスブック、2ちゃんねるなどでの大量の考察によって「曝され」、「攻撃」、「解体」されていく『シン・ゴジラ』は、明らかに一作目とは異なる環境に生きている。

加藤典洋は「シン・ゴジラ論」の中で、本作が情報社会のリアリティと対応していることを的確に指摘している。驚くことに、映画内に現れる大量の字幕は、ニコニコ動画を反映しているとさえ述べている。

この映画では、行政文書や、SNSの文字、通信機器の音声がスクリーンにかぶり、一定以上の政府高官、下僚などが登場するたび、画面の下に名前と役職の字幕がつく。また会議の報告の映像に「以下中略」の大字幕が割って入り、インターネットの動画配信のコミュニケーション世界の文法が映画の中に侵入し、気づくと、いつのまにか、インターネットと双方向的な「全体的な喩」としての映像環境が、映画の全域を覆っている。（P167）

加藤は具体的に二次創作のことは述べていないが、「この映画は、第一に、先端的なメディア・テクノロジーを駆使しながら、第二に、五年前の原発災害に対するなまなましい恐怖と対応の失敗に打ちのめされた先鋭な政治意識を表現することに成功している」（P167）と述べていることから、「先端的なメディア・テクノロジー」との相互作用こそが、『シン・ゴジラ』の成功の理由であると考えていると見てよいだろう。

そのことを、もう少し解像度を高くして見ていこう。

作中の戦いは、明確に敵をやっつける主人公のような人物がおらず、複数の人間による総力戦になっている。それだけではない。様々なカメラによる作中人物のものとされるフッテージ、ニコニコ動画のような画面、TVニュースの画面、スマホの映像などなど、様々な視点の重なりと反響の映像によって構成されている。

解像度やカメラワークの文法が違うそれぞれの映像に捉えられたゴジラの「あり」方と、ゴジラそのものの解釈の「され」方は、相同である。

「解釈を発動させる」技術を『新世紀エヴァンゲリオン』で集積し駆使した達人である庵野秀明総監督。彼が、現在のネット環境における「解釈消費」とでも呼ぶものを意識していなかったとは思えない（『エヴァ』旧劇場版には、ネットにおける感想をそのまま映像化したシーンがある。画面に現れる「庵野殺す」の文字は何度観ても心に突き刺さる）。「解釈」もまた現在では、個人の名人芸ではない。ネットの集団が総力戦のように解釈を行う。そのような、ネットを駆使した解釈の総動員体制時代におけるゴジラとして、『シン・ゴジラ』は作られている。解釈者は、ゴジラを研究する学者たちであり、砲撃する戦車隊である（そのような解釈をしようとする観客に対する皮肉めいた台詞もある）。実際、矢口が災害を生物によるものだと知ったのはネットを通じてであり、作中でもネットを通じた集合知が力を発揮する場面もあった。

ネットにおける解釈消費を計算して作品を世に投じることは、作中のゴジラを対象とした「研究」のあり方との差としても現れている。

『シン・ゴジラ』において、ゴジラと戦う集団と、最終兵器を生み出す科学者たちは、集団のチームである。それに対し、一作目の『ゴジラ』は、芹沢博士が、ゴジラを倒すどころか、原水爆を超える兵器になりうるオキシジェン・デストロイヤーを、自宅の地下で、たった一人で作っている。恐ろしい話である。資金はどこから出てきたのだろうか。現在のノーベル賞受賞者の自然科学分野における研究は、大体において、どこかから研究資金を獲得して行われる組織的な研究である。「一人の研究」でゴジラに立ち向かうどころか、たった一人で原水爆を超える兵器を生み出しうるのが、一作目の科学観だった。しかし、チームとして『シン・ゴジラ』の研究者たちがいるのは、より現実における研究環境と近い。

その作中でゴジラを研究し、対抗手段を考える科学者たちは、『シン・ゴジラ』を解釈・批評するぼくたちと、アナロジカルな構造になっている。

「かわいい」化、BL化されるゴジラ

「かわいい」化を含みこんだゴジラ――プロモ、クソコラ、二次創作

これらの解釈戦争の中で、興味深いものがいくつかある。

「考察」と呼ばれるものではなく、「二次創作」と呼ばれるものである。「考察」は作品のテクストの物質性を尊重するが、二次創作は設定や物語を自由に捻じ曲げるという特性を持っている。

『新世紀エヴァンゲリオン』が流行していた同時期に、ウィンドウズ95が普及し、インターネットが発達

し、ネット上に多くの二次創作が溢れた。綾波レイやアスカの二次創作画像や二次創作ストーリーを、ぼくも大量に目にした（アスカのほうが好きだ）。

作り手側としてそれを体験している庵野秀明総監督が、このような二次創作的環境を意識していないとは思えない。そこをも逆算的に織り込んで作られているのが、『シン・ゴジラ』の新しい特質であろう。

その証拠の一つが、『シン・ゴジラ』タイアッププロモーションである。『シン・ゴジラ』のゴジラが突っ立っている写真をベースに、タイアップした企業が「クソコラ」と呼ばれるネット上のチープなコラージュによるパロディに類したポスターを作るキャンペーンが公式に行われた。あのゴジラが、手に、ロッテリアのハンバーガー、タワーレコードの袋、雨戸、懐中電灯などを持っている姿は実にユーモラスで、SNSを中心に拡散した。インターネットでのバイラル（口コミ）の効果を狙い、同時に、クソコラ的なものが「受ける」ことを計算に入れた戦略である。

パルコが駅などに大きく展開した広告では、ゴジラにかわいい耳が付けられ、パルコアラというキャラクターがダッコちゃんのように肩にしがみ付いていた。パルコアラが巨大化して襲ってくるCMまで作られている。

作中では大真面目な『シン・ゴジラ』は、プロモーションにおいては明らかにこのようなネット環境を意識してふざけている。もはやネットの人々が自作を、パロディ化し、ネタ化し、かわいい化することまで「織り込み済み」であることを示すかのような用意周到さが憎い。

特に気になったのは、ゴジラの第二形態を「蒲田くん」と名づけ、かわいいイラストにし、人形にしてしまう二次創作である。ゴジラの「かわいい化」が、観客やユーザーの手によって行われた。これほど真面目でシリアスな内容であるにも関わらず（あるいは、だからこそ）その破局を引き起こしたゴジラを「かわいい」存在として篭絡しようという観客側の狡知（無意識的な衝動）がここには働いていると見なければなるまい。

『シン・ゴジラ』は、いくらでも好き勝手に二次創作や妄想や考察や解釈をされても知らないよ、と開き直っているかのようである。解釈可能性の爆発と、同時に、解釈への動じなさの貫禄を、ふてぶてしくも示している。『ゴジラ』一作目よりも、この再帰性へのふてぶてしさが格段に上がっている。

加藤は、戦後の〈ゴジラ〉が「異物性を殺菌され、無菌化され、戦後の日本社会に馴致され」て、「かわいい」存在と化したことを批判していた。

しかし、『シン・ゴジラ』は、このような無菌化やかわいい化をすら「受け入れる」ゴジラなのである。その意味を考えるためには、「かわいい」化とは何かを、考えなければならない。

災害の「かわいい」化という戦略――『崖の上のポニョ』

「かわいい」化によって凶悪なものに対処する想像力を構築しようとした作品として、宮崎駿の『崖の上のポニョ』が参照項になる。

『崖の上のポニョ』は、人間の男の子・宗介に会いに行くために、魚の子であるポニョが人間になる話である。

ポニョの父は科学者的な人間（設定上は魔法使いだが、造型的には科学者である）で、母親は大海そのもののような存在である。ポニョの父が海水から抽出していた「生命の水」をポニョが流出させてしまい、その後、台風と津波が合わさったような大災害が起こる。

宗介の父が乗った船は転覆の危険にさらされ、「津波だ」との叫びも聞こえる。嵐が襲う波打ち際を車で逃げる宗介は命の危険がある状態だが、押し寄せる津波の上に立った少女・ポニョを見つける。波の上を楽しそうに走っているのだ。

ポニョとは、津波・台風などの、自然災害の象徴である。

実際、彼女のせいで、町は水に沈んでしまう。

しかし、ポニョの絵柄は、かわいらしい。この映画は、それ自体が、ときに災害をもたらし、ときに豊饒である「自然」と如何に和解するかの認知的プロセスであると言ってもいい。津波・台風の擬人化であるポニョと宗介の関係に託し、「自然」の二面性と人間がどのように和解が可能なのかを巡る、映像詩的な心理ドラマである。『風の谷のナウシカ』、『崖の上のポニョ』、『ハウルの動く城』、『風立ちぬ』などの宮崎作品は、一般的なエンターテイメントの法則ではなく、このような心理的な主題の論理に沿った特異な物語を描いている。

後述するが、宮崎は堀田善衛の『方丈記私記』の映画化に向けて動いていたことがある。堀田善衛は『モスラ』の原作者の一人であり、モスラと『風の谷のナウシカ』における王蟲の造型が良く似ていることなど、怪獣映画と宮崎駿を繋ぐラインは、か細いものではない。怪獣映画と宮崎アニメは、共に、通常のエンターテイメントの類型（ハリウッド脚本術が指南するようなもの）とは異なりながらも、日本において国民的なヒットをするという共通の謎を持っている。この謎の答えは、「自然」、「科学」の持つ両義性を受け止めるための、宗教的・哲学的世界観を戦後の日本がエンターテイメントの中に求めたことがある。そのような宗教的・哲学的な思索が、「サブカルチャー」の中で行われざるを得なかったことこそが、戦後日本の大衆文化の特異性なのである。

宮崎は、津波と台風を擬人化したポニョを描くことでなんとか、和解の試みを行った。擬人化とは、人間の能力では認知が困難な巨大なものを、なんとか認識可能なレベルに変換しようという、認知的な努力の結果の産物である。

津波や台風を、いわば人間側に篭絡可能な存在として描いてしまったことを、東日本大震災を経験したあとにどう思うのかと、スーザン・J・ネイピアは、「津波時代のポニョ」(『3・11の未来——日本・SF・創造力』所収)で問題提起したが、その答えは、『風立ちぬ』で雄弁に語られていたように思う。自然も、科学も、もはや、救いになるものでもなく、篭絡も不可能であるという、絶望感と諦念ばかりが強い、あの作品に。

ゴジラ対サンリオ・ポケモン・ゆるキャラ軍団

〈ゴジラ〉もまた、戦争と災害、自然と科学の持つ暴力的な力を、人間がなんとか認知できるように作り上げられた形象である。その〈ゴジラ〉を「かわいく」するとはどういうことか。

はっきり言おう。自然・科学の負の面、戦争・災害など現実ではとうてい飼いならすこともできないものを、観念上で、共存しようとする認知的な「努力」だ、と。

もちろん、飼いならせたと思い込むことで、真の危険を忘れてしまうのだと警鐘を鳴らすことは可能だし、必要なことでもある。

たとえば「ポケモン」におけるピカチュウは、原子力の平和利用を象徴しているキャラクターのように見える。ピカチュウは、発電する。そして、カプセルの中に入る、自分たちが管理可能な可愛い存在なのである。

ポケモンの生みの親であるゲームクリエイターの田尻智は、宮章太郎との共著『田尻智　ポケモンを創った男』の中で、語っている。

科学力が身近になって、自分の手のように動かせるようになれば、世の中はもっと便利になる。そういう思いが育ってたんだよね〔…〕『ポケモン』の背景になってる世界が、科学力を非常にいい形でコントロールしている〔…〕科学力は夢を与えるもんだとか、生活を便利にするものだ。

（P200-201）

カプセル（格納器を思わせる）の中におとなしく入って電気を作る「ピカチュウ」は、原子力の平和利用の時代において、ゴジラの脅威が、ぼくら人間に「かわいく」飼いならされた状態を象徴している。

しかし、このようなピカチュウが、「かわいいキャラクターの魅力により、科学や原子力の恐怖を甘く見積もらせる効果を持ってしまったのだ」と、原発事故後に批判するのは容易い。

原発事故以前にも、「かわいい」の持つ、その隠蔽力の危険性に対する警句は発せられていた。二〇〇六年に刊行された四方田犬彦『「かわいい」論』は非常に示唆的だ。

〔『グレムリン2』は〕「かわいい」に満ちた現代社会がわずかに方向を転換するだけで取り返しのつかない惨事を招いてしまうというヴィジョンをまことしやかに語っている。〔…〕心理的にも歴史的にも「かわいい」映像が抑圧し隠蔽してきたものごとが、近い将来にいっせいに地上に回帰し、その現前を誇らしげに提示するとしたら、そのときこそわれわれの社会が本質的な破局に襲われるときだろう。
（P199）

とはいうものの、かわいいものは、かわいい。

かわいいものは、いいものである。

「かわいい」化し、共存可能なものにしてしまいたいという認知的努力の必然性と事実性を否定することが、現代の日本の文化状況において、リアリティを持つとは思いがたい（筆者は、「萌え」も「かわいい」のサブカテゴリに分類している）。

なにしろ、〈ゴジラ〉の子孫である、怪人や、ポケットモンスター、そしてサンリオのキャラクターや増殖し続ける地方自治体や官公庁、名だたる企業の、ゆるキャラたちがこれだけ現実に「存在し」、「流通している」世界、それがぼくらの世界でもあるのだ。その文化的ソフトパワーの現実性と、その力を求める人たちの心理そのものをぼくらは無視するわけにもいかないだろう。

世界中に愛されているキャラクターであるハローキティを生み出した株式会社サンリオ（一九六〇年設立）は、このような内容を経営理念に掲げている。

人間にとり最高の幸せの一つは「心から話し合える仲間をもつこと」です。仲間とは、親子、兄弟、夫婦、友人、恋人といった身近な存在から、学校や会社の同僚、そして世界中の人々にまで広がっています。それらの人々と仲良くしていくために大切なのは、相手を、信じ、尊敬し、愛する、そうした気持ちをまず自分から表現することだと思います。これがサンリオを支える基本理念「ソーシャル・コミュニケーション」です。／サンリオは、これまで子供たちを始めとする世界中の全ての人々に〝仲良し〟の輪を広めようと考え「スモールギフト、ビッグスマイル」を合言葉にソーシャル・コミュニケーション事業を推進してきています。〔…〕／世界中の人々の人権を尊重して、反社会的な力に屈することなく、平和を愛しみんな仲良く幸せになれるような社会づくりに向け、お客様はじめステークホルダーの皆様と一緒になり役職員一同全力を尽くして努めてまいります。（ホームページより）

〈ゴジラ〉と、ハローキティに代表されるサンリオ軍団の断絶がここで明確になる。簡単に図式化してみよう。

ゴジラ（**怪獣**）	**ハローキティ**（**サンリオ**）
こわい	かわいい
ざらざらしている	ふわふわしている
大きい	小さい
常に暴力	対話可能

拒絶　　　　　　　　　　　親密さ
戦争、破壊、災害　　　　　平和、仲良し、幸せ
反人間社会的な力　　　　　人間とともだち、人権を尊重

怪獣と、サンリオ的なかわいいキャラクターとの違いは、明白である。理念、機能が著しく異なっており、感性的な差のみならず、存在そのものが主張するイデオロギー的な差すらある。ゴジラにシェーをさせ、教育パパにさせ、マイホーム（怪獣島）に住まわせたのと同じ、無意識的な力が、ゴジラをおもちゃとして手のひらに乗せて遊べるものにし、『シン・ゴジラ』の蒲田くんをかわいいキャラクターにしてしまう際に働いている。その力を極限まで延長したもの、それがサンリオのキャラクターである。

ぼくの図式によれば、〈ゴジラ〉とサンリオの中間にいるのが、モスラである。

モスラは怪獣であるが、どちらかといえば平和を愛し、ふわふわしている。なんといっても、ただのデカい蛾だ。現在の目から見れば、見た目があまりに虫っぽくてかわいくないという意見もあるが、モスラは〈ゴジラ〉とサンリオの中間にいると断言して構わないだろう。

〈ゴジラ〉をかわいくすること。

サンリオのキャラクターを愛すること。

蒲田くんの二次創作をすること。

それは、〈ゴジラ〉に対する、ユーザーの側からの、極めて「政治的」な抵抗なのだ。

破壊、暴力、脅威、死、絶望を、かわいいものにし、愛し、親密なものに変えてしまいたいという、切なる願いと優しさが篭められたものである。

この願いは、あの芹沢博士にオキシジェン・デストロイヤーの使用を決意させた「乙女の祈り」の子孫である。それは当時の最新テクノロジーであるテレビ（前年に放送開始）を通じて芹沢博士に届いていた。現在では、インターネットというテクノロジーによって、再びゴジラという凶悪なるものを鎮める祈りの儀式が行われているのだ。

内閣腐――BL化・擬人化

この「乙女の祈り」は、さらに攻撃的・能動的に、凶悪なるものを、性愛的な理解のなかに領土化する運動へと進化を遂げている。

BL化である。

男ばかりが出てくる汗臭い『シン・ゴジラ』は女性客に受けていないかというと、そうでもないらしい。ツイッターのハッシュタグ「＃内閣腐」では、たくさんのボーイズラブの二次創作が描かれた。ボーイズラブとは、男性同士が性愛関係になるファンタジーで、主に女性が生産・消費するものである。

たとえば、ブログ「ジュリエット計画アーカイブ」の記事「シン・ゴジラの感想（やや腐向けの）」は、このように感想を記している。


スーツ着たイケメンおっさんたちが苦悩するの美味しい映画でした。見終わったあとツイッターの

「#内閣腐」タグをたどってくるぐらいに面白かったです。いや、腐視点抜きでも十分面白かったです。さすが庵野監督だなぁ。庵野監督の女性の趣味は合うので、おっさんたち以外の女子キャラ3名も全員いい感じでした。尾頭もカヨコも防衛大臣も凛々しくて好き。

エンタメ作品にありがちな、女子向けの恋愛要素が殆ど無いって聞いてましたが、いやいやいやそんなことなかったですよ。すごかったです。矢口と赤坂や泉の絡み、アレはもう疑似恋愛。

矢口とカヨコも、もはやBLのカテゴリーに入れちゃっていいと思う。男女のやり取りじゃなくてむしろBL的でよかった。あそこ2人はむりに恋愛させないほうが話がストレートになっていいよね。安田と尾頭さんもBL。尾頭さんとカヨコも百合じゃなくてBL。

ここには「腐女子」と呼ばれる人々の、作中のキャラクター同士の関係性を「妄想」し、時に恋愛や性愛の関係があると想像=創造し、二次創作までしてしまう彼女達の、もはや解釈による対象の占拠・上書きとすら言えるたくましさがある。この現象もまた、新しいゴジラを取り巻く環境のひとつであり、ゴジラが対峙しなければいけない現実である。

ボーイズラブに繋がる、「やおい」や「耽美」、「JUNE」などの流れはこれまでもあったが、雑誌『ユリイカ』で特集が組まれ、溝口彰子『BL進化論――ボーイズラブが社会を動かす』という研究本が刊行されるなど、研究・評論が盛んになってきて、社会の表舞台に出てきたのは最近のことである。

実際、腐女子の聖地と呼ばれる池袋に行くと、男のキャラクターの缶バッチを鞄いっぱいにつけた女性のオタクたちがおり、元気が良い。『おそ松さん』のブームも記憶に新しいが、それを支えたのがこの層である。女性のオタクが、セクシャルな表象を堂々と楽しめるように社会や価値観が変化してきたこと、自分達の好みではないような作品まで強引に自分たちの好みの価値観・関係性に「解釈」してしまい好みのものに変換させていくという技法が一般化したことなどがこの背景にはあると思われるが、BL論に深入りできるほどの知識もないので、撤退する。

ぼくらが知っておくべきことは、そのような女性の観客が存在している環境において、様々な「二次創作」的な読解の砲撃に合う（ことを事前に予測している部分もあり、そうでない部分もある）ゴジラであるということが、これまでのゴジラとの大きな違いであるということである。

さらに具体的な例として紹介したいのは、両角織江、金田淳子、西森路代、ひらりさの座談会「なぜ『シン・ゴジラ』はオタク女子たちをこんなにヒートアップさせるのか?萌えあり怒りあり怒涛の二時間トーク」（ニコニコニュース）である。

金田　この内閣の周辺、顔面偏差値が高すぎる！
西森　現実だったら、イケメン内閣とか言われちゃうんでしょうね。
金田　もう裏では、女房役はもちろん、お稚児さん集めてんなぁくらいのことは言われてる。会議のシーンとか見てて最初から思ってたけど、この若手たちの顔面偏差値が高すぎる！

つまり、作中で活躍する人々が、人為的に作られた、同性愛者のハーレムであると見立てられているのだ。しかし、このぐらいは、まだまだ大したことはないほうである。

彼女たちは、ゴジラと矢口の愛まで妄想する。

両角　危険だけどどうにもならないものを見たいという欲は、矢口のゴジラへの恋心にも通じる。

金田　そうだよね、最後に屋上で俺とゴジラ2人きり、みたいな感じだったもんな。こいつを落とすまでは、みたいな感じだったもんな。

このように、ゴジラと矢口の愛を妄想する。

しかし、これは、腐女子ではない（だって、ぼくは男だし）ぼく自身の、『ゴジラ』一作目の読解（芹沢とゴジラの心中）と非常に良く似ている。腐女子的な、時にはゴジラと在来線のカップリングすら妄想してしまう、あらゆるものを性的な対象として擬人化してしまう想像力は、『ゴジラ』一作目に内在されていたものではないか。

ゴジラ＝男性的／ＢＬ＝女性的という単純な二項対立は間違いである。むしろ、ＢＬの起源の一つとして、『ゴジラ』があった可能性すらありうるのではないか。

確かに、兵器や破壊そのものに、性的な魅惑がないとはいえない。東京とゴジラが、破壊的に交わる性行為的な儀式があそこで行われているようにも見える。ゴジラと自衛隊が乱れに乱れる性行為を行ったようにも見えなくもない。死の欲動（タナトス）と入り混じった生の欲動（リビドー）が、代償的に満足されなかっただろうか。いや、満足されたかもしれない……。

あらゆるものを「解釈」によって自身の欲動の感性的な世界に領土化していく腐女子たちの読解が、

『シン・ゴジラ』におけるゴジラに、功を奏しそうで奏していない。むしろ、ここでは、その腐女子の態度と『ゴジラ』の受容は、ほとんど近しいものであるという可能性の方こそが前景化される。

溝口彰子は『BL進化論』で、女性読者がポルノを読む際の感情移入の対象が複数化していくことを指摘している。


「受」、「攻」にそれぞれアイデンティファイするというふたつのモードに加えて、もうひとつ、物語宇宙の外側に立つ読者としての視点、いわゆる「神の視点」へのアイデンティフィケーションもある。〔…〕以上の三つのモードのうち、どれが最も強く働くかは、読者それぞれのファンタジーや物語の内容によって異なる。BL初心者は「女役」である「受」キャラに同一化する傾向が強い。とはいえ、初心者も含め、ひとつのポジションに一〇〇パーセントアイデンティファイする読者はほとんどいないだろう。強弱はあれど、読者の頭のなかでは、この三つは同時進行であろう。「攻」、「受」そして「神」、すべてが「私」=読者なのである。（P82）

「攻」、「受」を、ゴジラ、人間に変えれば、ゴジラ論のできあがりである。ただし、溝口はまだ「キャラ」にしか感情移入できていないという点で、初心者だろう。兵器や電線や橋に感情移入して萌えるぼくのほうが、同一化の数が多いので、勝ちである（?）。

「攻」、「受」を、男性同士の恋愛・性愛のメタファーに用いていること、作中でレイプが愛に変換されるというモチーフが反復することからもわかるように、これは暴力や戦いを性愛に変換する認知的な戦略である。

〈ゴジラ〉の「かわいい化」、「BL化」は認知的な、戦略のポリティクスを仕掛ける。

しかし、そこで回避されているように見えるのは、自己犠牲、あるいは心中である。

「かわいい化」、「BL化」は、特攻隊的な自殺・心中のロマンチシズムを鎮め、その脅迫的なエロティシズムを関係性のネットワークの中に撒き散らすことで脱中心化し、「死」、「究極」を求める志向性を失わせてしまっているかのようである。そこに、『ゴジラ』一作目のエロティシズムとは異なる、エロティシズムのポリティクスがある。非常に近いだけに、この差は重要である。

衛生化、無害化は、果たして悪いことだったのか

先述の加藤の、ゴジラシリーズについての論――「聖性」を剥奪されていき、社会の中に飼い慣らしていく作業としてのゴジラシリーズ――という見解は、シリーズが続いたことの意義を解釈しようとするものとして、実に優れた解釈であると思う。

しかしながら、改めて検討をするべきは、このような「無害化」、「衛生化」が、果たして悪いことだけだったのかである。

問題にしたいのは、その「倫理的脅迫」の側面。

ゴジラが初めて姿を見せる大戸島において、「やっぱりゴジラかもしんねぇ」と、土着の神話的なもの（呉爾羅）の可能性を語るお爺さんに対し、若い娘が「またじいさまのゴジラか。いまどきそんなものがいるもんかよう」とバカにするシーンがある。

お爺さんは怒り「昔からの言い伝えバカにすると、今にお前たち海女っこをゴジラの餌食にしなきゃなんねぇぞ」と怒る。このシークエンスが象徴するように、若くて屈託のない世代——特に女性——に対する、戦争や過去を知っている世代からの報復・制裁という側面が『ゴジラ』にはある。

戦後民主主義社会を、楽しく屈託なく健康に生きる若者。それに罰が当たるという点で、『ゴジラ』は石原慎太郎『太陽の季節』と非常に似た心情的基盤を有しているし、時代が下った作品の小松左京『日本沈没』とも共通することである。危機や戦争に直面する事態を見せ付けることで、よく言えば「目を覚まさせる」、悪く言えば「倫理的脅迫を行う」側面というのが、これらの作品にあるのは否めないのだ。

そのような脅しとの戦いがどのように行われたのかは、既に論じたとおりである。

一作目において既に、行動する女性である山根恵美子は、親が決めた許婚である芹沢博士を振って、自由恋愛で肉体的・精神的に健全な尾形を選び、そして父に口答えし、自身の判断で芹沢を裏切ってオキシジェン・デストロイヤーの秘密を暴露し、芹沢にその使用を決意させる。そのとき芹沢は「きみたちの勝ちだ」と言うのだが、この「きみたち」とは誰か。恵美子・尾形だけではない。TVの中で祈りの歌を歌う、戦後を生きる少女達が、芹沢に兵器の使用と、自害を決意させた。過去の遺物の怨念の総体であるゴジラは、ここにおいて、戦後の女性達の祈りによって、敗北してもいるのだ。

芹沢は、戦争中にドイツと研究協力をし、戦争で傷を負った、戦争の亡霊のような人物である。彼が「特攻」を思わせる攻撃によってゴジラと共に海の藻屑と消えていくシーンは、「特攻」を倫理的・政治的に嫌悪するぼくですら涙ぐんでしまう感動的な場面だが、一方で忘れてはいけないのは、この時点で、「新しい女性」の勝利が描かれていたという点である。ゴジラを追い返したのは、明るく生きる女性達の願いと祈りなのである。
だから、その後のゴジラシリーズがゴジラを馴致しようとしたのは、一作目のストレートな延長であるし、それがピカチュウやキティちゃんのような「かわいい」存在となってしまうこともまた、「女性」の勝利であると言うこともできる。
無論、ここで歴史感覚や政治意識の切断がサブカルチャーに発生してしまう。その問題点は確かに、充分に深刻なことである。しかし、大塚英志が『「彼女たち」の連合赤軍――サブカルチャーと戦後民主主義』その他で、少女文化の中に、政治的抵抗、新しい生き方の可能性を見出したのと同じ意味で、「政治・歴史」と文脈を切断し、亡霊・怨念に対する罪悪感や倫理的脅迫から逃れようとする心情を評価することも重要な視点となる。

供犠としてのゴジラ映画

赤坂憲雄は、「まさに失われようとしている神話的時間の断片」（P34）として『ゴジラ』を解釈し、大戸島の「呉爾羅」伝説で、生贄を捧げなければならない構造になっていることに着目した。東京の壊滅それ自体が、「イケニエ」の儀式だったのではないかと赤坂は言う。

人々はゴジラなる異貌の神の、数も知れぬイケニエを捧げ、一刻も早く災厄の過ぎ去ることを願い、祈りの唄を歌う。大戸島の人々が時化と不漁にさいして、若い娘をイケニエとして沖合い遠く流したように、そして、海の神・呉璽羅のために神楽を奏したように、テレビの画面ではいま、東京という都市を舞台としたイケニエと鎮魂の祭りが演じられているのだ。神楽の場面にながされる土俗的な笛太鼓や囃し歌と、少女らの歌うレクイエムは、共鳴しあっている。祭りと称するには、あまりに酷たらしい風景であるかもしれない。が、そうであるとしても、これはいただくべき神も祭祀者もうしなった、一九五四年の故郷喪失者たちの精一杯の魂鎮めの儀礼であった、といえるにちがいない。（P37）

このテレビを見ていた芹沢が、自己犠牲を決意する。

赤坂のこの説から、一段階引いて考えてみたい。

これは映画である。現実では、東京は壊滅しておらず、芹沢は死んでいない。魂鎮めの儀式であったとしても、映画という虚構による、擬似的な破壊と死によって起こっている。

犠牲が「虚構」化された。その意義を考えてみたい。

ジャン＝ピエール・デュピュイは、人類が、構造的に「供犠」を必要としてしまうものであると認めつつ、こう書く。

人類の歴史とは犠牲システムの内因的進化の歴史である。文明は人間の生贄を代わりとなるもの、つまりシンボルで置き換えることで前に進む。（『聖なるものの刻印——科学的合理性はなぜ盲目か』P156）

現実では、特攻隊など、「精神的」な理由で「物理的」な犠牲者が捧げられてきた。

『ゴジラ』は、そのような供犠の精神を共有しつつも、それを映画という新しいテクノロジーによって虚構化したところに、重要な意義がある。

ぼくはそれを「進歩」と呼ぶ誘惑に耐えられない。供犠に必要な死や暴力を虚構化していくことこそ、人類の文明的・道徳的な進歩ではないのか。スティーヴン・ピンカーの『暴力の人類史』なども参照の上で、そう言いたい。人類の道徳的進歩を楽観的に信じる気分にとてもなれないような出来事もまたあるので、「進歩」と口にするのは、躊躇いもあるのだが。

デュピュイは、「原子爆弾がわれわれにとっての新たな聖なるものだと言われることもあった」核時代におけるカタストロフを意識している。彼が強調するのは「聖なるものがcontenirという言葉の二重の意味にしたがって、暴力を含み抑える、つまり、暴力的な手段によって暴力を防ぐということ」（P273）である。

「聖なるもの」とは、暴力そのものである「供犠」によって、その共同体にシステム的に蓄積して破局をもたらす内なる暴力を解決する。その時、犠牲にされるもののことを「スケープゴート」と呼ぶ。この「スケープゴート」をシンボル化、すなわち虚構化するのが、人類の文明的な進歩である。

> 内なる暴力こそが、台風や津波などよりよほど速やかに社会を破壊しかねないことを怖れるアボリジニの側にこそ、ずっと理がある。こうした暴力は宗教的な信憑や行動の産物のように思われるが、しかしそうした信憑や行動が暴力への障壁になっているように思われるというのもやはりたしかだ。暴力との関係は、宗教的なものの中心的な謎である。宗教的なものはこの点について、いかにして薬でありながら毒でもありえているのか。（P154）

薬でもあり、毒でもある。暴力そのものでありながら、それを防ぐ。そのような機能をデュピュイに倣って「聖なるもの」と呼んでよいのなら、まさしくゴジラそのものと、それに破壊される街、人々、登場人物たちが、聖なるものである。〈ゴジラシリーズ〉こそが、戦後日本において、供犠の場の代わりとなり、そこでゴジラは祭祀者となる。

一作目から、供犠は虚構化された。その後、作中においてすら自己犠牲を拒否し、作品の中で自害する特攻隊的なロマンチストや、破壊される建物、苦しみ死ぬゴジラというものの「虚構の中における供犠」すら許さないような人類の文明史における暴力に対する感受性と倫理の高まりが起きた。

虚構の中ですら、供犠を許さない。ある種のオタクコンテンツの中では、時間をループして、作中の登場人物の死をどうやってでも救おうとするものがある。二〇一六年に大ヒットした新海誠監督の『君の名は。』もその欲望を持っている作品である。

「供犠」や「暴力」の、物理現実からの後退は、より進んでいる。人は、より優しく、繊細になったと言ってもいい。その反映として、「かわいい化」や「二次創作」があるのではないか。「かわいい化」は破壊や自己犠牲を強要しない。「二次創作」してキャラクター化してしまえば、そのキャラクターは、原理的には永遠の生を得る。オリジナルの特権性の権威性さえ拒絶してしまえば、死の運命、供犠の運命からすら逃れさせることが出来る。

そのようなリアリティで生きるのは、巨大な災害や戦争の前に無力だ、と威圧するのも脅すのも容易い。しかし、一方で、事実として、文明史的な暴力・供犠の虚構化という発展を拒絶するのは困難ではないか。

その繊細化は、倫理的な進歩である。〈ゴジラ〉の「かわいい化」、「無害化」、「衛生化」は、おそらく、単に否定するだけではすまない、もっと深い文明史的な意義を含んでいるだろう。

「美」と「聖」

〈ゴジラ〉は「美」である。それは、矛盾が解決できないときに生じるある種の空白を意味していた。「美」の中に投げ込むことで解決が期待されていたのである。

〈ゴジラ〉は「聖」である。それは、社会システムの内部に歪としてたまった暴力を発散させ解決する供犠であり、祝祭である。

ところで、かつて、日本で、芸術や文化の頂点にいるとされた者がいた。神として、聖なるものとして扱われていた者がいた。

天皇である。

空虚で、融通無碍な中心であるが故に、国家を一丸とさせるための装置として利用されもした天皇が、神ではなく人間となった。そのとき、社会は急には変われない。機能的等価物をどこかに求めてしまう。その無意識的願望を掬い上げたのが、『ゴジラ』だった。「神の国」であることを、戦前の価値観をいきなり奪われた精神的な空白の中で――GHQの占領による検閲と心理的プレッシャーの中で――精神的な「支え」を求めた人々が見出した、擬似的な「美」であり「聖なるもの」。それが、戦後日本の大衆文化に求められたものであった。

〈ゴジラ〉は、いわば戦後における大衆的な宗教とも呼べる存在であった。

だから、「神《シン》ゴジラ」と呼ばれることは間違ったことではない。

東日本大震災の衝撃を受け、「自然」に心の救いを求めることもできず（自然が破壊者なのだから）、「科学」や「進歩」という、戦後日本における擬似的な神（「安全神話」などという宗教的な用語が原子力に使われているではないか！）を失ったときに、再びその空白を埋めるために〈ゴジラ〉が現れるのは、必然であった。

神、いや、シン・ゴジラとタイトルをつけた庵野秀明は、そのような「ゴジラ」の持つ戦後日本における美的・宗教的な存在論を、知り尽くしていたに違いない。

第四章　科学対物語

科学技術に対する関心はわが国でも、これまでにないほど高まっている。これは科学技術の進歩が〝技術革新〟などの言葉で代表されるように、近時、経済の発展と国民の生活の向上に大きな役割を果すことが、認識されてきたことによるものであろう。わが国は、戦後急速な経済的復興をとげて今日にいたっているが、今後国民のより高い豊かな生活を望むためには、科学技術にまつべきところがきわめて大きい。

——科学技術庁『昭和三三年版科学技術白書』

歴史としてのゴジラ

思想としてのゴジラシリーズ

〈ゴジラ〉とは、思想である。
映画というメディアを用いて思考・提示された思想である。
それを証する本多の発言がある。

ぼくなんて、最も作家らしくない作家に見えるんじゃないかと思うんですよ。ただし、そこでぼくの作家精神とは何かというと、自分の生き方、人間としてどういうふうに生きたらいいのかと、そういう意味での糧の集め方ね。
子供のときに、科学というものはこれからは絶対に大事だから、だからそういうものの見方も大事だと。だったら、どんなものを勉強し、どんなふうに生きられたらいいのかというものを、漠然とではあるけれども考えはじめてね。その見方をしっかり持ちさえすれば、監督するなり、物を作るときに、その目で見ればいいんだ、見なくてはいけないんだと、そういう生き方というか進み方がぼくの作品を支えているんだと思うんですよ。

それで、どうしても自分の目で見ながら、自分の生き方の中で映画を撮っていくんだ。そういうかたちの中で、徐々に新しい自分を確立していこう。そういうようなことですよ。（Ｐ２２８）

自分は、人間は、科学とどう向き合って生きればいいのか。そういう「生き方」、「進み方」の中で映画を撮り、「そういうかたちの中」で徐々に新しい自分を確立していく。それはまさしく、「思想」と呼ばれてしかるべきものである。『ゴジラ』など本多の映画作品とは、「科学」と向き合いながら、人間の「生き方」、「進み方」の中で自己を確立していく試行錯誤のプロセスであったと言ってもよい。ゴジラシリーズをこの思想が貫いている。その思想を、平成シリーズ以降を「ゴジラを制するにゴジラを以ってす」と、ミレニアムシリーズ以降を「対策が災厄を招き寄せる」としてまとめる。両者とも、第一次世界大戦以降、「戦争を終わらせる」ために新兵器を開発し、ついに人類を滅ぼすことが可能な核兵器にまでエスカレーションした、人類と科学の関係の意味を問うたものである。「核兵器」と〈ゴジラ〉とは、これ以上進むと絶滅する可能性が出てきた、科学の進歩の特異点を強く意識させる超越的なものである。

ゴジラシリーズが「国民的作品」としてヒットしたということは、この思想の手探りに共感する部分が、日本の観客にはあったということであるし、観客がそれを支えに思想を構築していった部分があるということを意味する。

世界と生き方に対する理解を提供する装置は、通常「宗教」と呼ばれる。戦後の日本は、その機能に相当するものを、大衆文化の中で発展させたのだ。

本章では、『シン・ゴジラ』を理解するための第四の視座として、「歴史」軸を導入する。ゴジラシリーズ全てを点検することで、『シン・ゴジラ』が受け継いだもの、切断したもの、新しく踏み出したもの。それが明らかになるだろう。その過程で、「人間集団が解決できないものを放り込むブラックボックス」としての美の機能を〈ゴジラ〉が担ってきたということの意味も、はっきりしてくるだろう。

おそらく、自分たち自身を滅ぼしかねない科学と進歩のエスカレーションへの向き合い方は、日本のみならず、世界的にも共有された課題であり、その思想は世界史的な意義も、現代的な意義も有している。

『ゴジラ』一作目の神格化に抗して

最初に批判しなくてはならないのは、『ゴジラ』の一作目のみを特権化し、『シン・ゴジラ』と直結させて語ることである。多くの者がこの態度を採るが、それでは『シン・ゴジラ』を正しく理解することはできない。

たとえば斎藤環のツイート「シン・ゴジラ鑑賞終了。この10年以内で見た邦画中、最高傑作がこれで確定。一作目を越えたかどうかはもう二回観て決めよう。在来線つよい。これでゴジラは取り戻した。庵野監督ありがとう。」（斎藤環 @pentaxxx 2016-07-31 1:47:00）。

加藤典洋の「シン・ゴジラ論」での「『シン・ゴジラ』を第一作に匹敵する、まともな作品として面白く見た」、「二作目以降の凡百の『ゴジラ』映画」（P164）という発言。

一作目の圧倒的な強度を持ち上げ、それに匹敵する作品として『シン・ゴジラ』を評価するというのが、

『シン・ゴジラ』批評の基本となっている。

しかし、それに異議を唱える。シリーズ全体を通覧するなら、『シン・ゴジラ』に影響を与えた他の作品を無視するのは完全な間違いであることが分かる。

確かに、『ゴジラ』一作目が、とび抜けて異様な「禍々しさ」、「迫力」を持っているということは否定しない。しかし、その後のゴジラ作品の歩みや受容を全否定し、『シン・ゴジラ』と『ゴジラ』を直結させて評価することは、『シン・ゴジラ』を語る上では間違いだ。

引用・コラージュ作品としてのゴジラシリーズ

『シン・ゴジラ』は、一作目の『ゴジラ』以外、全てのゴジラの影響を受けていると言っても過言ではない。シリーズとしてのゴジラは、その時その時の流行や科学的知見、事件などを貪欲に取り入れ、キメラとして、よたよたと時代の中を進んでいくコラージュの怪物である。

『新世紀エヴァンゲリオン』が、過去のアニメや特撮のいいとこどりのコラージュであったこと、『シン・ゴジラ』も過去の怪獣物のいいとこどりのコラージュであったことから、庵野秀明の作家性はゴジラに似ている、と言いたくなる。むしろ逆に、庵野秀明の「作家性なき作家性」である、時代のイタコとなる敏感なアンテナと、過去の作品を圧縮コラージュする性質は、むしろゴジラ（シリーズ）が庵野秀明という身体に乗り移ったようにすら見えてくる。庵野秀明は、『シン・ゴジラ』を作る前から、〈ゴジラ〉的な作家であった。

小野俊太郎は、一作目の『ゴジラ』をこう論じた。

ニュース映像など複数の素材を引用して映画は作られるのだ。ゴジラ映画の昭和シリーズ後半に予算不足のために過去の映像の使い回しがあることが指摘されるが、それは本多の戦記物の場合と同じである。映画というものがそもそも出自の異なる素材を編集してまとめあげたものである。「ドラマ本編」と「特撮」という二つの異質のモードがぶつかったり溶け合ったりしているのが「東宝怪獣映画」の特徴なわけだが、複数の素材をコラージュすると言う映画の特性に基づいている。（P60）

一作目の『ゴジラ』への評だが、いくつかの単語を入れ替えるだけで『シン・ゴジラ』論や庵野秀明論として、充分に成り立ってしまわないだろうか。コラージュ作家である庵野秀明総監督が、様々な才能とともに、様々にゴジラシリーズやゴジラ論を吸収し、それ以外の様々なものも雑多に繋ぎ合わせた雑種の怪物が『シン・ゴジラ』なのである。

ゴジラシリーズは、その主要な材料の一つである。

ゴジラシリーズと『シン・ゴジラ』

ゴジラシリーズ

まずは、作品を並べてみよう（次頁参照）。

〈ゴジラシリーズ〉

昭和シリーズ

『ゴジラ』一九五四、本多猪四郎監督
『ゴジラの逆襲』一九五五、小田基義監督
『キングコング対ゴジラ』一九六二、本多猪四郎監督
『モスラ対ゴジラ』一九六四、本多猪四郎監督
『三大怪獣　地球最大の決戦』一九六四、本多猪四郎監督
『怪獣大戦争』一九六五、本多猪四郎監督
『ゴジラ・エビラ・モスラ　南海の大決闘』一九六六、福田純監督
『怪獣島の決闘　ゴジラの息子』一九六七、福田純監督
『怪獣総進撃』一九六八、本多猪四郎監督
『ゴジラ・ミニラ・ガバラ　オール怪獣大進撃』一九六九、本多猪四郎
『ゴジラ対ヘドラ』一九七一、坂野義光監督
『地球攻撃命令　ゴジラ対ガイガン』一九七二、福田純監督
『ゴジラ対メガロ』一九七三、福田純監督
『ゴジラ対メカゴジラ』一九七四、福田純監督
『メカゴジラの逆襲』一九七五、本多猪四郎監督

平成シリーズ

『ゴジラ』一九八四、橋本幸治監督
『ゴジラVSビオランテ』一九八九、大森一樹監督
『ゴジラVSキングギドラ』一九九一、大森一樹監督
『ゴジラVSモスラ』一九九二、大河原孝夫監督
『ゴジラVSメカゴジラ』一九九三、大河原孝夫監督
『ゴジラVSスペースゴジラ』一九九四、山下賢章監督
『ゴジラVSデストロイア』一九九五、大河原孝夫監督

ミレニアムシリーズ

『ゴジラ2000　ミレニアム』一九九九、大河原孝夫監督
『ゴジラ×メガギラス　G消滅作戦』二〇〇〇、手塚昌明監督
『ゴジラ・モスラ・キングギドラ　大怪獣総攻撃』二〇〇一、金子修介監督
『ゴジラ×メカゴジラ』二〇〇二、手塚昌明監督
『ゴジラ×モスラ×メカゴジラ　東京SOS』二〇〇三、手塚昌明監督
『ゴジラ　FINAL WARS』二〇〇四、北村龍平監督

新しいシリーズ（？）

『シン・ゴジラ』二〇一六、庵野秀明総監督

ハリウッド版

『GODZILLA』一九九五、ローランド・エメリッヒ監督
『GODZILLA　ゴジラ』二〇一四、ギャレス・エドワーズ監督

この他にも無数の怪獣映画があるが、ここに列記はしない。あくまで、映画におけるゴジラシリーズにのみ、論を絞る。

ゴジラシリーズ全体についての論はそれほど多くないが、注目すべき発言がいくつかある。

映画ごとに設定や世界観が変わってしまっているという性質について、『古事記』などの研究者である志水義夫は『ゴジラ傳』で「体系化できなくても総体化が可能な作品群」は「浄瑠璃・歌舞伎のような伝統的芸能の興業作品に通じる」、「「曽我物」とか「忠臣蔵物」とかいってカテゴライズするのと同様に「ゴジラ物」というカテゴリを認めていいでしょう」（P34‐35）と延べ、日本の伝統芸能と結びつけて論じている。

また、小野俊太郎は「ゴジラが複数でありえるのは、八百万の神がいる日本と親和性をもつ」（P201）と、アニミズムとゴジラシリーズの関係を示唆している。

これらは示唆的な言葉ではある。

が、これだけだと、敗戦により「神の国」ではなくなり、科学技術立国として高度成長を行ってきた戦後日本の「新しい神話」である〈ゴジラ〉の「新しさ」を捉え損なうので、満足のいく解釈とはいえない。「科学」との格闘を中心に見なければ、〈ゴジラ〉の意義は見えてこない。

『シン・ゴジラ』と『ゴジラ』（一九八四）のつながり

『シン・ゴジラ』は、一九八四年に始まる「平成シリーズ」の影響を抜きにして語ることはできない（一九八四年は平成ではないのだが、慣例としてこのように呼ばれる）。

『シン・ゴジラ』と平成シリーズの第一作である『ゴジラ』(以下『ゴジラ1984』)との繋がりは、登場人物名や設定など、多岐に渡る。

字幕の多用や、政府の内部を描くということも、『シン・ゴジラ』ほど徹底されて圧縮された形ではなかったが、平成・ミレニアムシリーズに既に見られる技法であり、庵野のオリジナルではない。

最も直截的に平成シリーズとのつながりを示すのは、『シン・ゴジラ』の冒頭でボートに靴と折り紙を残していなくなった「牧悟郎」教授という人物であろう(岡本喜八の写真が使われている)。実は、『ゴジラ1984』の主人公級の登場人物にも「牧吾郎」がいる。こちらは、科学者ではなく、新聞記者である。『シン・ゴジラ』におけるゴジラが、原発のメタファーである点も、『ゴジラ1984』と重なる。『ゴジラ1984』ではゴジラが原発を襲うところが描かれ、メルトダウンの危機が訪れる。核兵器の脅威の象徴としてだけではなく、既に「平和利用」のはずの「原発」の脅威の象徴の要素も含んだものとしてゴジラは描かれていたのだ。

このとき襲われた静岡県の井浜原発(作品内の架空の名称)は、放射性物質をゴジラに吸収され、ゴジラはパワーアップするが、その後の放射性物質による汚染や原発そのものの廃炉の問題などは描かれていない。川村湊が『原爆と原発』の中で、東日本大震災前の原子力を扱った作品を通覧し、原発事故が大衆文化において想定外ではなかったことの証明として本作を挙げているが、ゴジラがその汚染を吸収してしまうという描き方をしたことが、放射性物質や原発の描写に対する当時の限界であったと述べている(『ゴジラ2000 ミレニアム』、『ゴジラ×メガギラス G消滅作戦』でも、ゴジラは再び原発を襲っている)。

核兵器の使用を巡るドラマも、『シン・ゴジラ』は『ゴジラ1984』を踏襲している。ゴジラに対して核兵器の使用を行おうとするアメリカ・ソ連に対し、日本政府が交渉を行うという側面においても共通している（この設定は「第三の原爆投下」を阻止するという、樋口監督の『ローレライ』をも踏まえているだろう）。

そして最も重要なのは、ゴジラという、核兵器や原発に象徴される科学が生み出した脅威に対するに、その原因となった核兵器を持って対抗しようとすることに象徴される、悪循環、悪無限的な出口のない状況を、平成シリーズがひたすら描き続けたことにある。

『ゴジラ1984』でゴジラを制するのは、カドミウム弾であり、カドミウムはイタイイタイ病の原因となったものであった（公害もまた、『ゴジラ対ヘドラ』はじめ、ゴジラシリーズにおいて重要なモチーフである。実質的に大規模な公害問題である原発事故を扱う必然性は、一作目だけではなく、シリーズ全体の中で醸成されてきたと言ってよい）。

平成シリーズ再考——ゴジラを制するにゴジラを以ってす

平成シリーズ二作目『ゴジラVSビオランテ』（一九八九）では、ゴジラの細胞（G細胞）を使ったバイオテクノロジーの怪獣、ビオランテが敵である。

昭和シリーズの『ゴジラ対メカゴジラ』で表面化した、「ゴジラを制するにゴジラを以ってす」という悪循環——一作目の芹沢博士が、科学が生み出した脅威であるゴジラに対して、科学の成果と自身の生命を用いて制したことを受け継ぐ——を引き受けながら、平成シリーズは、その主題と格闘し続けてきた。

『シン・ゴジラ』で、牧博士が、おそらくはなんらかの人為的な行為でゴジラを生み出したか巨大化させたのであろうと示唆されているが（そのしっぽには人間の形があり、まるで死体のようでもあるし、人間になろうとしているようでもある）、エネルギー関連の研究に従事し、妻を放射能関連の事故で失った彼の、科学と人間への絶望感は、平成シリーズに通じている。科学の悪無限的な側面と、犠牲になる者が生まれてしまうという処理の付かない感情と繋がっている。

人間の生み出してしまったものに対峙するものもまた、人間が生み出す、宿命。さらに次々と脅威になるという、人の作りしものが延々と繰り返す事態を平成シリーズは描き続けた。

『新世紀エヴァンゲリオン』には、「人の造りしもの」と呼ばれる回がある。使徒と呼ばれる謎の敵（最終的には、実質的に同じ人間であることが判明するのだが）と戦う際に、人間が「ロボット」を作って撃退しようとし、失敗する回である。

「ロボット」では失敗するが、主人公達の乗る「人造人間」エヴァンゲリオンは、使徒と戦える。なぜなら、「エヴァ」は一見ロボットに見えるが、使徒のコピーだからだ。

この設定は、『ゴジラ対メカゴジラ』（一九七四）を踏まえているように思われる（ゴジラをコピーするのはキラアク星人だが）。

長山靖生が『ゴジラとエヴァンゲリオン』で「ミレニアムシリーズには〔…〕『エヴァ』との共通性の感じられるものが少なくない」（P174－175）と述べているが、『エヴァ』がゴジラの影響を受け、ゴジラ（ミレニアム以降）が『エヴァ』の影響を受け、と、互いが互いに引用しあっている相互作用が起こったというのが実態に近い。❖6

「ゴジラを制するにゴジラを以ってす」（科学対科学）の悪循環は、平成シリーズ後半三作で加速する。『ゴジラVSメカゴジラ』（一九九三）は、前作に現れた二三世紀のテクノロジーによるメカキングギドラを研究し、対ゴジラ戦闘マシンを開発する物語である（よって、厳密にはゴジラそのもののコピーではない）。『ゴジラVSスペースゴジラ』（一九九四）は、宇宙に飛散したG細胞（ゴジラの細胞）が、宇宙で育って、「宇宙怪獣」として戻ってくる。

平成シリーズ最終作『ゴジラVSデストロイア』（一九九五）は、一作目を明白に意識したタイトルである。無論、オキシジェン・デストロイヤーが再登場するほか、山根恵美子も登場する。伊方原発（架空の名称）を襲おうとしたゴジラにカドミウム弾が打ち込まれ核爆発の危機が阻止されるが、その結果、ゴジ

❖6　ゴジラ映画の中でぼくの評価としては最低である『ゴジラ対メガロ』も、『シン・ゴジラ』を考える上では、無視してはいけない。庵野秀明監督の代表作『新世紀エヴァンゲリオン』の後半が、カットの使いまわし、流用の嵐だったことを思い出して欲しい。低予算化したゴジラ映画である『ゴジラ対メガロ』は、過去のゴジラ映画の特撮シーンや実写のシーン、そして直前の作品である『ゴジラ対ガイガン』から臆面もなく素材を流用している。

さらに驚くべきことに、同一作品内からも流用を繰り返す。メガロが、口から爆弾のようなものを吐くシーンが、リピート再生のように全く同一のまま繰り返されるのは、この監督福田純を、シミュレーショニズムの先駆者であると看做してしまいたくなるほどである（特に、前作『ゴジラ対ガイガン』において、ゴジラとアンギラスが会話するときに、画面に漫画の「吹き出し」が出て、その喋る声が、DJがレコードを動かしたときの音に似ていることが、そのような解釈の誘惑に誘う）。

無論、流用そのものは、本多監督が『ゴジラ』に使った場面を『大怪獣バラン』でも用いているなど、オリジンから続く行為である。伊福部昭の音楽もまた、似たフレーズが映画音楽だけではなく様々な作品に使われていたり、同じ音楽を様々な作品が使っていたりと、なかなかの流用っぷりである。

ラがメルトダウンの危機に瀕しながら歩き回る。

焼けて燃えているようなその造型は、『特撮秘宝』の『シン・ゴジラ』大特集の中で、歴代ゴジラのキャラ・デザインの一位を獲得したほどで、実際、カッコいい。闇としてのゴジラではなく、光り輝くゴジラという要素を取り入れた点では、『シン・ゴジラ』の造型にとてもよく似ている。紫色のレーザーを放つ神々しいゴジラの姿に匹敵するカッコよさが、本作のゴジラにもある。ゴジラそのものがメルトダウンしかけている原子炉であるという構図においても、『シン・ゴジラ』を語るときに無視してはいけない作品である。

ゴジラと戦う怪獣・デストロイアは、一作目で用いられたオキシジェン・デストロイヤーが、眠っていた古生代の微小生命体に影響を及ぼして生まれた怪獣である(『シン・ゴジラ』にも、極限環境微生物というものが出てきていた)。ゴジラが水爆実験の影響で生まれた怪獣だとすれば、デストロイアは、ゴジラに対処しようとした人間の科学がさらに生み出した怪獣である。

その対決に巻き込まれて人々が大量に死に、様々なものが破壊される。ゴジラは炉心溶融のような状態で爆死する。

「ジュニア」と呼ばれていたREX風味の小さなゴジラが後を継ぐ結末が、希望に見えるはずもなく、ゴジラという名の脅威が去った感触もなく、ただひたすら後味が悪く、救いがない。

そこが、実に、良い。

愛すべき怪獣ではなく、破壊の象徴であり、原発という「平和利用」のための原子力の問題を描き続けてきた平成シリーズの末尾を飾る、実に不穏で救いのない結末であり、ぼくは本作を高く評価している

（逆に言えば、他の論者は、本作を不当に低く評価しすぎているように思われる）。救いのない悪夢には、徹底的に救いがないゆえの享楽が存在する。

『シン・ゴジラ』もまた、一見爽快な勝利に見えながらも、牧博士が人為的にゴジラを生み出したのだとすると、この救いがたさと、悪循環を内包し、出口のない悲劇の側面を抱え込んでいる。

戦争のために作られた兵器である核兵器、その「平和利用」を謳った原発。それに対抗する、総動員体制の軍事組織のような日本政府、自衛隊、そして科学と工業の力……。

ゴジラが生まれる悲劇の原因となるものが、ゴジラに対抗する者たちによって再生産されている。『シン・ゴジラ』が、単なるプロパガンダ映画であるとも、全体主義を賛美する映画とも、科学技術や工業立国の「日本SUGEEEEE」（日本はすごいを意味するネットスラング）映画であるとも断言してはいけないのは、このような悪循環、人類と科学の業とでも言うべきものを、明示的かつ暗示的に示しているという要素があるからである。

ミレニアムシリーズ再考――対策が災厄を招き寄せる

平成シリーズは、科学が招きよせた災厄であるゴジラを、そのゴジラを基にした科学技術によって制しようという悪循環を描いた。

ミレニアムシリーズは、「対策が災厄を招き寄せる」という、より悪化した事態を描いている。

特に注目すべきは、大河原孝夫監督『ゴジラ2000 ミレニアム』（一九九九）手塚昌明監督『ゴジラ×メガギラス G消滅作戦』（二〇〇〇）と、同監督『ゴジラ×メカゴジラ』（二〇〇二）であろう。ミレニアムゴジラは、『ゴジラVSデストロイア』の主題を受け継ぎ——そのことにより、一作目も受け継ぎ——さらなる展開を行おうとした作品である。『ゴジラVSデストロイア』を含む平成シリーズ三作の監督を務めた大河原孝夫がミレニアムシリーズの一作目の監督をしているという人的な繋がりだけからではない、具体的な内容の主題面において、継承と発展が確かに行われている。

『ゴジラ2000　ミレニアム』は孤高の作品である。なすすべもなく、ゴジラが破壊の限りを尽くすのを眺めるという絶望的な結末を描いたという点。最も救いがたい、手の付けられない脅威としてのゴジラを描ききっている。

『ゴジラ2000　ミレニアム』の敵は、謎の宇宙生物ミレニアンが、G細胞内のオルガナイザー1と呼ばれるものを吸収し巨大化した、オルガと呼ばれる怪獣である。幾何学的でつるつるした造型は、ゴジラシリーズでは珍しい。

オルガはハッキングなども行える、ネット時代の脅威を象徴する怪獣でもある。

今ではもう覚えている人も少ないだろうが、「2000年問題」あるいは「Y2K問題」が社会不安を巻き起こしていた時代である。様々な機械の年号が容量を節約するために「1987」ではなく「87」などのように桁を少なくしていたことから、二〇〇〇年になった瞬間に機械が「1900年」であると勘違いして事故が起きるのではないかという社会不安があった。核兵器が発射されるのではないかという危惧すら語られていたのを記憶している。一九九九年は、ノストラダムスの大予言のような、キリスト教の終末思想や千年王国主義と結びついて、日本にも終末的な予感が蔓延したことも補足的に付け加えておくべきだろう。

怪獣・オルガを打ち倒したゴジラが、人類にとって本当に手の付けられない存在として破壊の限りを尽くして打つ手がないという結末。最も絶望的な作品であり、孤高で、実に萌える。

ミレニアムシリーズ二作目『ゴジラ×メガギラス』は、世界観を受け継がない。まったく別の、架空の歴史の世界が描かれる。

五四年にゴジラが日本を襲ったのち、首都が大阪に移転した並行世界を舞台にしている。その世界では、一九六六年に東海村にある原子力発電所をゴジラが襲ったのち、原子力発電を日本が放棄している。原子力発電所を持たない決定をしたのは、そのエネルギーを狙ってゴジラが襲ってくるからである。

過去にゴジラの襲撃を受けているこの作品世界では、「Gグラスパー」と呼ばれるゴジラ対策チームがある。彼らと科学者たちが合同で、「ディメンション・タイド」と呼ばれる小型ブラックホール兵器でゴジラを消滅させようとする作戦を立案、実行する。

そのテストの際、次元の歪みが生じ、巨大昆虫・メガヌロンの卵がこの次元に来てしまう。ゴジラが水爆実験の隠喩としての怪獣だとすれば、メガヌロンは、その対策のための兵器が生み出した脅威の隠喩としての怪獣である。

メガヌロンは、成虫メガニューラとなり、巨大なメガギラスになる。昆虫の群れに襲われるゴジラのシーンは、『ゴジラ　２０００』の延長線で考えると、「ネットイナゴ」と呼ばれるような群れ的なネットの匿名の隠喩のようにも見える。

本作で重要なのは、ゴジラに備えようとした努力が、また別の災厄を招くことを描いたことである。何かに怯えている人間が、不安のあまり備えを行いすぎていたら、不安に思っていたことが実現するかのような、神経症的な構図が描かれているのだ。

これは、不思議と、二〇〇一年九月一一日に起こった世界貿易センターへのテロ事件と、それへの神経症的な対応の悪循環を予言しているかのようである。

イラク戦争の開戦は二〇〇三年だが（日本も「後方支援」と称して参加している）、その口実は「大量破壊兵器がある」だった。最終的に大量破壊兵器は見つからなかったわけだが、その結論が出るまでに二〇万人ほどの死者が出てしまった。それらの無意味・無根拠に出た死傷者やその周辺の人物が憎悪を募らせないわけはない。反米感情を高めた彼らは、「自称イスラーム国（ＩＳＩＬ）」というテロ組織となり、アメリカを含む全世界を脅かす脅威となっている。

「対策が災厄を招き寄せる」なくそうとしたものより悪いものを作り出してしまう、そのような神経症的かつ悲劇的な現実が世界史的に進行している中、ミレニアムシリーズは（部分的には、事態より先行して）作られた。映画の製作者たちがこのように警告し続けているのに、何故現実の歴史は、それを無視するほど愚かな道を進んでいくのであろうか。

ミレニアムシリーズ四作目『ゴジラ×メカゴジラ』は、「対策が災厄を招き寄せる」の主題が最も顕著になったものである。

本作では、一九五四年に死んだゴジラの骨を用いて、作中では「機龍」とも呼ばれる「メカゴジラ」を作り、ゴジラ対策を行う計画が実行される。

その「メカゴジラ」のテスト起動に呼び寄せられたかのように、ゴジラが現れる。そして、ゴジラの咆哮により、「メカゴジラ」の中に眠っていた初代ゴジラの魂のようなものが目覚めてしまい、暴走したメカゴジラによって舞台となった八景島周囲は壊滅状態になってしまう。

この作品の中では、一応のところ映画としての結末は付くのだが、メカゴジラという難物をどのように扱うべきかという主題は同監督の次作『ゴジラ×モスラ×メカゴジラ　東京SOS』に持ち越される。

この作品の話をするためには、いくつかの補助線を引かなければなるまい。まずは、「メカ」の問題の系譜を、昭和シリーズにまで遡って論じなければいけないだろう。

次に、モスラという怪獣の担ってきた機能についてである。「メカゴジラ」が科学の象徴であるとしたら、「モスラ」は文化の象徴である。モスラは、様々な怪獣の中で、ゴジラに次ぐ存在感を示している。このモスラとは何なのかという問題も追跡しなければならない。

なにしろ、メカゴジラに使っているゴジラの骨を、南の海に返せと、モスラの妖精である小美人が要求しにくる物語なのだから。

『ゴジラ対メカゴジラ』に至る道

メカゴジラが初めてスクリーンに登場したのは一九七四年の『ゴジラ対メカゴジラ』からだが、同じ福田純監督の『地球攻撃命令　ゴジラ対ガイガン』(一九七二)、『ゴジラ対メガロ』(一九七三)に、既に「メカ怪獣」、「ゴジラのメカ」の萌芽がある。

『ゴジラ対ガイガン』において、「世界子供ランド」の建設を行っているM宇宙ハンター星雲人たちは、何故かそこにゴジラタワーを作っており、このタワーが、怪獣島からやってきたゴジラに対する兵器となるのだ。

タワーがゴジラを模す合理的な根拠があるとは思えない。実質的に、これが、スクリーンに現れた、プレ・メカゴジラであると言ってかまわないだろう。

M宇宙ハンター星雲人が呼ぶ、サイボーグ怪獣ガイガンも、虫っぽさと機械っぽさを併せ持つ（お腹にチェーンソーのような機構がついている）など、「メカっぽい怪獣」ではある。

『ゴジラ対メガロ』では、シートピア海底人が怪獣メガロを呼ぶ。メガロの腕も、ドリルのように回転するなど、メカっぽさがある。本作では、メガロとガイガンがタッグを組み、ゴジラは、ジェットジャガーと呼ばれるロボットとタッグを組む。ついに巨大メカと怪獣が出揃う。

しかし、まだメカゴジラではない。

次作で、メカゴジラがついに登場する。

『ゴジラ対メカゴジラ』でメカゴジラを作っているのは、ブラックホール第三惑星人。日本人が演じている。重要なのは、メカゴジラは、ゴジラを模しており、「スペースチタニウム」という材料を使っている点と、ゴジラの細胞そのものを使っているわけではないという点である。「ゴジラを制するにゴジラを以ってす」、という基本形は動き出したが、この時点ではゴジラに見よう見まねで似せているメカの怪獣に過ぎないのである。

より進んだ科学を持った存在——宇宙人、未来人たち

ゴジラシリーズに出てくる、超能力や宇宙人、未来人は、今から見れば滑稽に見える。現在のぼくが観て、目を覆いたくなったり、「なかったことにしたい」と思う場面もたくさんある。しかし、これらを、

単にバカバカしいとして退けるのは、それらがシリーズに登場してきたという事実そのものを否定してしまう。『シン・ゴジラ』の成功が、超能力や宇宙人などの排除に拠ることは間違いがないのだが、超能力や未来人の設定なども、真面目に考えてみる必要のあることである。

これらを考察するのに、最も単純な方法は、超能力やUFOなどのブームがあったということである。第二次世界大戦以降、冷戦時には宇宙開発競争があった。人類初の人工衛星スプートニク一号の打ち上げ成功が一九五七年。有人宇宙飛行は一九六一年に成功した。一九六九年にはアポロ一一号が月面に着陸し、人類の足跡を残している。

宇宙開発競争は、核兵器を搭載するミサイルの開発と誇示という側面も同時に持っていたが、基本的には明るい未来やフロンティアのイメージを、科学と宇宙とに結びつけるものであった。ゴジラが「無害化・衛生化」され、「恐怖」から「親しさ」のイメージに変化して行ったのは、このような国際的な「科学」に対する期待や希望の変化に由来している部分も大であり、国内だけの事情に帰することはできない。

同時に、冷戦下であることから、その政治的緊張感は別種の形でも表現される。宇宙人は、『遊星からの物体X』や『ボディ・スナッチャー』のように、共産主義の脅威として、内側に入り込んでくるもののメタファーとして描かれることが多かった。国際政治上、厄介な立場に置かれた日本が、直接的な「敵」を明示するのを避け、宇宙人や未来人などの「暗喩」を用いたと考えることもできる。

だが、最も重要なのは、宇宙人や未来人たちは、「より進んだ科学力を持った存在」であることだ。❖7

ブラックホール第三惑星人や、M宇宙ハンター星雲人は、「より科学力が進んだ人間」の象徴と考えた方が有益だ（何しろ、日本人が日本語で演じているのだから、そう解釈しないほうが難しい）。

とするなら、『ゴジラ対メカゴジラ』に至るまでの、たとえば『怪獣総進撃』における怪獣を平和に管理する「怪獣ランド」と、それを操って世界中に破壊をもたらす存在が描かれた時点で、テクノロジーによる怪獣の管理・対処という問題系も現れていたと言ってよい。「核の平和利用」ならぬ「怪獣の平和利用」である。この時代には、まだ、怪獣は馴致可能であるかもしれないという希望や、科学も「使う人次第」であるという楽観的な言葉が作中でちらほら見受けられた。

一九七〇年は、大阪万博が開催された年である。「人類の進歩と調和」を謳い、核エネルギーまで用いた、楽観的な未来像が提示されている時代であった。このような時代のゴジラが、核の恐怖、科学の脅威というニュアンスを忘れられ、軽い存在にされたり、怪獣島に住むマイホームパパのような存在にされたりするのは必然的なことであった。

だが、怪獣も科学も、平成シリーズ以降、より暴走する制御できない二つのものとして走り続けていく。東日本大震災と原発事故を経たぼくらが、原発に対して「飼い慣らせると思い込むべきではなかった」ということは容易いが、それは惨事が現実化した後だから言えるのであり、事前にそれを判断するのは困難だった(こんなに多くの人が警告の声を発していたのに、何故それが有効に働かなかったのかは重大な問題ではあるが、別個に検討されるべき難題である)。

この時代に醸成された楽観的な科学観は、山本昭宏が『核と日本人——ヒロシマ・ゴジラ・フクシマ』で詳述しているように、プロパガンダ的に構築された側面があったことも事実であるし、それが原発事故に繋がるような世論の油断に繋がったこともおそらくは真実であろうが、この時代の人たちが科学と進歩に楽観的な「夢を見ようとした」こと自体の切実さを否定しても仕方あるまい。ぼくらはそれらの夢の果てに事故が起きたという救いがたさを経てなお、シニシズムに陥らない道を探るしかない。

本多猪四郎監督により六年ぶりにメガホンが取られ、最後の監督作品となり、同時に昭和シリーズの最終作となった『メカゴジラの逆襲』は、一九七五年の作品である。この作品は再び、科学の暗い側面を描いているという特徴が挙げられる。

しかし、暗いだけでない。別の主題を探ろうとしている感触がある。

それは、人工的な存在の自己犠牲と、愛である。

『メカゴジラの逆襲』――人間に作られたものへの愛

『メカゴジラの逆襲』は、『ゴジラ』の監督である本多猪四郎監督の生涯最後に監督した映画作品であるにも関わらず、その重要性が語られることが少ない作品である。

❖7 超能力は、どちらかといえば、平和や地球、愛情などに属し、『ゴジラ』一作目の「乙女の祈り」の歌声や、モスラにおける小美人に近い役割を担わされている。
『三大怪獣　地球最大の決戦』における金星人のように、科学技術も進みテレパシーを使う存在もいるし、『怪獣総進撃』のように、科学技術によって怪獣をリモートコントロールするさまがまるでテレパシーのように見えるときもある。上映当時、大衆的想像力の中で、テレパシーは、ラジオ、無線、ＴＶなどの「電波」と連想的に結びついていただろう。そう考えると、「テレパシー」を単純に「科学」ではないパワーの方に分類するのは正確ではないのだろうが、ここでは超能力・宇宙人・未来人その他の荒唐無稽とも言える設定が、「祈り」と「より進んだ科学」の二極を象徴する傾向があることを確認しておけば充分だろう。

確かに、あの『ゴジラ』を撮った監督が撮ったとは思えないほど内容は貧弱である。予算も少ない。しかしながら、それでも敢えて「メカゴジラ」に逆襲させながら、本多が自ら「生み出したもの」にケリをつけようとしているという点で、他のシリーズにはない特異な部分があることも見逃せない。

脚本を書いたのは高山由紀子で、これがデビュー作となる（のちに、『フランダースの犬』などで活躍）。再び、暗い影を背負った博士が登場する。その館は、まるで『吸血鬼ドラキュラ』の館のように恐ろしく描かれている。真船信三博士という、チタノザウルスという恐竜を研究している博士の館である。

真船博士は、フリッツ・ラングの『ドクトル・マブゼ』と、その続編のタイトルを参照していると思しい。ラングの『マブゼ』が繰り返しリメイクされ、そのうちの一作が遺作であったことから考えると、『メカゴジラの逆襲』を最後の作品とする決意がこの参照にはあると読み解きたくなる誘惑に駆られる。

真船博士には、娘の桂がいる。彼女は、死んだ後、ブラックホール第三惑星人により、サイボーグとして復活させられている。

つまり、本作には、テクノロジーによって蘇った存在が、三ついる。

一つは、ゴジラである。水爆実験で眠りから覚まされ、巨大化した。

二つめは、メカゴジラⅡである。これはブラックホール第三惑星が、メカゴジラの残骸を回収して作り直したものである。

三人目が、桂である。

この「テクノロジーによって蘇らされた三者」の葛藤のドラマとして読むのなら、本作は昭和シリーズの幕引きにとって重要な作品となる。

一作目の『ゴジラ』と比較しよう。

『ゴジラ』の芹沢博士は、許婚を奪われ、失意の下、女性の頼みと、TVから聞こえる「乙女の祈り」の合唱に心を動かされ、研究成果を悪用されないように自己犠牲を選ぶ。

それに対し、『メカゴジラの逆襲』の真船博士は、愛する娘を蘇らせるためにテクノロジーを悪の集団に売り渡している。自己犠牲を行うのは、サイボーグである娘の桂である。チタノザウルスとメカゴジラⅡのリモートコントローラーとしての機能が彼女にあるため、彼女が自決することにより、両者はコントロールを失い、ゴジラに倒される。説得をするのは一之瀬という男であり、彼の説得により、サイボーグである彼女が心を動かされる。

一之瀬と真船は、どうも、サイボーグであるにしても、彼女のことを愛しているらしい。

物語は、ブラックホール第三惑星人などの枝葉を除けば、『ゴジラ』と対になっていることがよく分かる。被造物＝死体をテクノロジーによって蘇らせたものへの「愛」を描くということで、これはメアリ・シェリーの原作と、映画版の『フランケンシュタイン』への応答にもなっている。もちろんこれは、本多猪四郎監督の『フランケンシュタイン対地底怪獣』(一九六五)、『フランケンシュタインの怪獣　サンダ対ガイラ』(一九六六)への応答でもある。

死んだものを蘇らせ、それを愛し、同時にそれからも愛されるということが、ここでは悲劇の形であれ、描かれていた。女性の被造物の自己犠牲により、恐竜と機械、古いものと新しいもの、自然と科学の両者が葬り去られる。

そのように図式的に美しい、一作目との対応関係で主題的な決着が付くはずなのに、浮いてしまう存在がいる。

ゴジラである。


ゴジラは生き残り、決着も何もないまま、海に行くしかない。自然でも科学でもなく、男でも女でもなく、自己犠牲やメロドラマとも無縁の存在として、ただ取り残され、存在し続けるしかない者としてのゴジラが、ぽっかりと、全く収まりどころがなく、そこにいるのだ。

『メカゴジラの逆襲』以降

一九七五年に本作を撮って以降、本多は長編映画の監督を行うことはない。

その代わり、かねてから深い付き合いのある友人であった黒澤明の監督部チーフ・演出補佐として、『影武者』（一九八〇）、『乱』（一九八五）、『夢』（一九九〇）、『八月の狂詩曲』（一九九一）、『まあだだよ』（一九九三）を手がける。

『夢』では、富士山で原発が爆発するシーン、放射性物質でタンポポが巨大化するシーンなどが描かれ、『八月の狂詩曲』では、黒澤明監督作品『生きものの記録』を再演するかのように、原爆が投下されたと思い込んで走り出してしまう老婆の姿を描いた。『ゴジラ』などで描いた原子力の問題を、「影」の存在としてであれ、生涯扱い続けた監督人生であったと言ってよいだろう（本多のアイデアが、これら黒澤作品の一部に影響を与えているらしいことは、妻・本多きみの証言がある。『本多猪四郎　無冠の巨匠』参照）。

切通理作は、『メカゴジラの逆襲』を、「〈ゴジラとは何か？　怪獣とは何か？〉ということを根源的な部分で問い直した作品だった」（P422）と評している。本多の怪獣観は、「地球上に生を受けたひとつの生命体」（P423）であったという。そのような、生命としての怪獣に対する慈しむような目線が、本多にはある。

切通の調査によれば、実現しなかった企画『ゼロン・ムー』は、「己を犠牲にし、無に帰すことによってのみ、奇蹟は起こる」（P446）という主題であり、「自己犠牲の力」、「愛の奇蹟」を描くものであったらしい。言うまでもなく、これは、「自己犠牲」と「愛」を結びつけるという点において、ある限界を抱えている。特攻隊精神と言い換えてもいいのかもしれない。

このような単純な自己犠牲的な愛とは異なる、「無」を乗り越えた先にある「奇跡」を本多は描こうとしたが、実際には映画として描かれることはなかった。

男女の問題、自己犠牲の問題は、この先に続くシリーズの監督たちが悪戦苦闘しながら取り組む課題となる（女性の自衛官を主人公に設定したりする）。また、「生命としての怪獣」という考え方も、また、後に本多も意識するように、バイオテクノロジーによって介入できる「生命」へと科学が進んだ段階において、安住できるものではなくなってしまう。

平成シリーズは、その点、本多のやり残した課題を正当に継いでいるシリーズなのである。もちろん、『シン・ゴジラ』もまた。

ゴジラ自身の自己犠牲――『ゴジラ×モスラ×メカゴジラ　東京SOS』

以上の前提の上で、ミレニアムシリーズの実質的な最終作である『ゴジラ×モスラ×メカゴジラ　東京

SOS』の結末を見てみよう。

この作品において、自己犠牲を行うのは、メカゴジラである。正確には、メカゴジラに使われた（と設定されている）一作目のゴジラの骨の中にある魂のようなものである。モスラの繭にぐるぐる巻きにされたメカゴジラは、ゴジラを抱えたまま暴走して南の海に向かって飛び、海に還っていく。このメカゴジラは、海の中に消えていった芹沢博士のようでもあるし、自決することでチタノザウルスとメカゴジラⅡを止めた桂のようである。今回は、ゴジラの骨と、機械そのものが、自らの意志によって、ゴジラを倒し、自己犠牲を行う。かつてのゴジラが、モスラの勧めで、自発的に新しいゴジラを連れて帰って「解決した」に等しい。これもまた、『ゴジラ2000 ミレニアム』の絶望的なエンディングと並ぶ、他に例のないエンディングである。

しかし、このような平和的な解決が実現するためには、モスラが出てくる必要があった。モスラが、ゴジラとメカゴジラをぐるぐる巻きにしてしまうことは、象徴的に、ゴジラの理念を、モスラの理念で包み込んでしまうという意味を持つ。

では、モスラの理念とはどのようなものか。

モスラの理念――「科学」に対抗する「文化」

モスラ――平和と文化と女性の象徴

メカゴジラがゴジラを連れて海に帰ったのは、「ゴジラを制するにゴジラを以ってす」という方策がうまく行ったかに見える。しかし、両者の捩れあう悪循環的な問題は、決して主題的に解決したとは言いがたいのだ。

科学が生み出した水爆怪獣に対抗する、科学技術によるゴジラのメカ――すなわち、科学対科学の悪夢的な対決は、モスラという「科学の外」からの介入により、一時の誤魔化し的な休息を得たに過ぎない。

モスラは、おそらく、理念的にゴジラに匹敵しうる、唯一の怪獣である。

単にゴジラ映画への出演回数が多いからではない。一作目の『モスラ』が提示した、特殊な怪獣のあり方が、ゴジラに根本的に拮抗するようなロジックによって作られているという意味においてである。

ゴジラや、モスラは、今でこそ有名だが、当時は別に特権的な怪獣であったとは言えない。田中友幸プロデューサー、本多猪四郎監督が関わった作品だけでも、『空の大怪獣ラドン』(一九五六)のラドン、『美女と液体人間』(一九五八)の液体人間(怪人?)、『大怪獣バラン』(一九五八)のバラン、『ガス人間第一号』(一九六〇)のガス人間(怪人?)、『宇宙大怪獣ドゴラ』(一九六四)のドゴラなどの「単体怪獣(?)」がいる。『モスラ』も、そのようにデビューした単体怪獣の一匹だった。ゴジラもそのような一匹に過ぎなかった。

現に、『ゴジラ』の三作目が公開されるのは、一作目から八年後の一九六二年である。その際のタイトルも、『キングコング対ゴジラ』と、キングコングの方がメインにすえられている。

『モスラ』の公開は一九六一年。田中友幸プロデューサー、本多猪四郎監督、円谷英二特技監督と、『ゴジラ』と同じキーパーソンが揃っている作品である。続編『モスラ対ゴジラ』は、一九六四年だが、このときも、ゴジラよりも先にモスラの名前が出てきている。

では、ゴジラより先に名前が出る「モスラ」とはどのような怪獣なのか。

一言で言うなら、モスラは、基本的に「いいやつ」である。

もう少し言うと、「水爆」や「科学」、「戦争」の業を背負っていない怪獣なのだ。むしろそれを浄化してしまう、「文化」、「宗教」、「歌」、「自然」、「女性」の力を象徴している（これらを同列に並べることが現代のジェンダー観では問題があるが、少なくとも一作目における象徴連関においては繋がりがある）。

モスラは「インファント島」生まれである。卵から孵り、幼虫から蛹を経て成虫になる。そしてその後、また卵を産むらしい。インファント島は、水爆実験が行われた島である。しかし、ゴジラと違って、モスラは、水爆実験の影響や放射性物質の影響で巨大化したわけではない。最初から巨大な存在であり、神話的な生物なのだ。

インファント島は、水爆実験が行われたにも関わらず、木々も残っており、原住民も生き残っている。これは、島の赤い汁が放射性物質を防ぐ効果があるからであると映画では説明される。モスラは、核兵器の使用が行われたにも関わらず、それ自体を問題にはしないという点で、ゴジラと対照的である。どちらかといえば、水爆実験そのものは受け流している（今後は続けないでくれという程度の話である）。

ではモスラが破壊を行うのはどんなときか。小美人と呼ばれる、二人組の小さな人間を連れ去られたときである。『モスラ』では興行師のネルソンが、インファント島の原住民を殺して小美人を連れ去り、興業を行ったところ、モスラが「本能」だけで追跡して東京、そしてニューカークシティ（架空の都市名）が破壊される。小美人の説明に拠ると、モスラに善悪の区別は付かないようである。

モスラという名称は、mother を想起させる。モスラのモデルとなったと思しきカイコガは、日本における母性や女性というイメージに結びついていると、小野俊太郎が『モスラの精神史』で述べている。「巨獣モスラという姿に反応するように、当時の観客がカイコガや養蚕に抱いたいろいろな記憶や感情イメージがあり、それがモスラという怪獣のありかたに厚みを与え、頭のなかで日本と結びついた。それはオシラ様と関連し女性あるいは母性とつながる印象を与えた。さらに、養蚕業や製糸業は女子労働の犠牲などで近代化をとげた日本の代表的な産業だった」(P48)。このように、カイコガ自体が、女性や母性のイメージを持っている。

とはいえ、モスラの「母性」、「女性」のありようは入り組んでいる。「インファント」＝幼児性の名前がつけられた島から連れ去られた小美人たちを追いかけてくる幼虫のモスラを見ていると、小美人＝母を慕って追いかけてくる存在のようにも見える。しかし、興業の中で煌びやかな衣装を着せられ歌い踊っている小美人の姿を観た後に成虫のモスラを見ると、その鮮やかな翅の色が、女性の着物のようにも見える。母を慕う子のようでもあり、同時に、母そのものでもある(卵を産むのだから)。

インファント島の原住民(それも日本人が演じているのだが)が歌い、踊り、東京の興業でも様々な人物が歌い、踊る。それがモスラの特徴である。これは、当時の日劇のダンシングチームやレビューなどの公演と映画が結びついていたからであると小野は述べている。東宝スコープを使ったはじめての怪獣映画であり、総天然色と四トラックの音響を使えるという技術的条件がこのような内容を呼び寄せたのは間違いがない。日本風でありながら日本風ではない、擬似的な南方の歌や踊りや神話がこの作品の中で創造されている。その雑種性は、滑稽さと真剣さの両方の感触がある。

インファント島と、日本と、ロシア・アメリカ（映画ではロリシカ、原作小説ではロシリカ）との関係は、小美人とモスラとモスラの成虫の関係が「母と子」の関係において入り組んでいたのと照応して、入り組んでいる。

戦後における「南方」のイメージは、かつて日本の領土だったなど様々な条件が重なっており、実質的に、植民地に対する偏ったイメージが投影される場に怪獣映画の南の島はなってしまっている。同時に、西洋から見れば——特に、日本を現実的に占領していた連合国の立場から見れば——日本こそが植民地のようなものである。そのような、支配・被支配の二重性の中に日本はあった。その二重性がインファント島には投影されている。

二重のオリエンタリズム

日本人が扮している未開の民族達のエキゾチックな踊りや歌には、エドワード・サイード言うところの「オリエンタリズム」に相当するものが多分に含まれていることも否定できない。

オリエンタリズムとは、事実と想像が結びついた「イメージ」のことであり、それは欲望などと関係して政治的な効果をも生む。主に西洋から東洋への視線であるが、日本の場合、この視線の対象でありながら、アジアに対して、この視線の主体になってしまったという複雑さがある。

サイードは「オリエンタリズム」をこう定義する（『オリエンタリズム』）。

オリエントとは、むしろヨーロッパ人の頭のなかでつくり出されたものであり、古来、ロマンスやエキゾチックな生きもの、纏綿たる心象や風景、珍しい体験談などの舞台であった〔…〕東洋もまた、思想・形象・語彙の歴史と伝統とを備えた一個の観念なのである。そしてオリエントが、西洋に内在するものとして、また西洋の身代りとして、実現し存在することになったのも、これら歴史と伝統によってであった。この二つの地理的実体は、このようにして相互に支えあい、ある程度は互いに相手を反映しあっているのである。（P17－25）

私の切なる希望は、文化的支配の恐るべき構造を明らかにすること、そしてとくに旧植民地の人々に対しては、この構造を自分自身や他人の上に適用することの危険と誘惑とについて明らかにすることなのである。（P66）

東洋人は非合理的で、下劣で（堕落していて）、幼稚で、「異常」である。したがって、ヨーロッパ人は、合理的で、有徳で、成熟しており、かつ「正常」である（というのが、オリエンタリズムの偏見である」。（P100）

「オリエンタル」という語は、アマチュアと専門家とを問わずすべてアジア的なるものに対する熱狂と動議であり、そしてアジア的なものとは、異国性、神秘性、深遠さ、生殖力などと驚くべき符合をみせていた。（P123）

『モスラ』には、この「オリエンタリズム」が現れている。しかも、客体でありながら主体であるという複雑性において（オリエンタリズムは、内面化することで、自己に向かうこともある）。「支配・被支配」に伴う、政治的な条件と、それに伴うイメージとが相互に絡まりあった状態で、相手に何かを「投影」してしまう状態。その「投影」、「想像」が、欲動などを通じて政治にフィードバックしたり、投影された側が内面化してそう振る舞ってしまうような状態。

「映画」という「虚構」の中に作られた、虚構の島に対するオリエンタリズムによって、日本のその状態を描いたのが『モスラ』だ。映画という、スクリーンに映写を行うことによって作られる「虚構」の世界に、「投影」の先を移すことが、本作の重要な機能であったと言ってもいいだろう。

その「夢の検閲官」による夢の「置き換え」にも似た変形を経て、インファント島は、日本でもあり、日本でもないという不思議な地位を得る。マッカーサーによって「一二歳」扱いされた日本そのもの＝インファント（幼児）であり、同時に、日本が支配・抑圧したものである。日本の中で抑圧されているものの象徴にもなりうる（養蚕、純真さなど）。

モスラは、この島の多重性を引き受ける。母を慕う子であり、同時に母である（江藤淳が、『成熟と喪失』や『女の記号学』で、戦後の日本に失われたと嘆いた「女」、「母」の情感を思わせるところがある）。

そのモスラが、東京や、ニューカークシティを破壊する理由は、興行という、近代的で資本主義的な目的のために小美人が連れ去られるからであり、近代・資本主義が失わせる素朴さ、純真さ、優しさという問題系がここにはある。

一作目のモスラは、石碑に書かれていた十字架と「米」にも似たマークに呼び寄せられ（それを解読するのは言語学者だ）、ニューカークシティの教会の鐘の音によって大人しくなり、小美人を連れて帰っていく。モスラは文化や祈りの力によってコントロールできて、帰ってくれる怪獣であり、そこに特異性がある。

ゴジラとモスラの対立は、「男性性・戦争・科学」と「女性性・平和・文化」の対立を潜在的に含む対立であり、これらの二つが解決困難な二重奏を奏でてきたのが戦後の日本社会であり、だからこそゴジラとモスラは何度も対決あるいは共闘することになるのだ。

五作目『三大怪獣　地球最大の決戦』は、ゴジラが日本、あるいは地球を守る立場に変化する重要な契機となる作品だが、このときに、ゴジラとラドンを説得する役割を担うのが、モスラである。

モスラは、地球を守るために、キングギドラと戦わなければいけないと説得する。小美人の通訳と身振りを通じて、彼らの会話が観客にも伝わる。ゴジラは「なんで自分たちをいじめた人間を守らなきゃいけないのだ」と拗ねたり、ラドンとゴジラが「お前から先に謝れ」と揉めるなど、人間っぽさ、子供っぽさを強調しているところが微笑ましい。

『ゴジラ×モスラ×メカゴジラ　東京ＳＯＳ』で、ゴジラの骨を南の島に帰さないと大変なことになるよと、『モスラ』に登場した言語学者の中條信一（役者も同じ小泉博）のところに教えに来てくれるのも小美人である。平和を愛し、酷いことになるのを食い止めようとする、善意ある優しき人々と、怪獣のセットが〈モスラ〉なのである。

『ゴジラ×モスラ×メカゴジラ　東京ＳＯＳ』の結末への不満

これらを踏まえた上で、ミレニアムシリーズの実質的な最終作として、これまでのゴジラシリーズのテーマを受け継いだ『ゴジラ×モスラ×メカゴジラ　東京SOS』の結末はどう解釈できるだろうか。

メカと初代ゴジラが合同で自己犠牲をする。

それを呼びかけたのは、モスラと小美人だった。ゴジラとメカゴジラという、「科学を制するに科学を以ってす」の悪循環を断ち切るために、文化・祈り・女性・純真さを持ってきたに等しい。科学では解決できないから、宗教に解決を託した。

これは〈ゴジラ〉という主題からの逃げである。

モスラの吐き出した糸にぐるぐる巻きにされたゴジラとメカゴジラは、それ自体卵のようになって、海の中に戻っていく。第二次世界大戦の死者かもしれない亡霊だった存在が、半ば自発的に海に還っていくことで、怨念を果たし終えたか、供養が終わったというかのような描き方になっている。

結論から言えば、「科学対科学」という問題系に対する解決を本作は何一つ提示できていない。ただし、モスラの「祈り」を経由することで、なんとか「第二次世界大戦の死者」という問題系に一つの決着をつけようとしたことだけは確かだろう。

これが「決着」として不充分であったことは、東日本大震災後に、原発事故を念頭においた二体のゴジラが再び現れたことからも証明されているだろう。

エドワード・ギャレスの『ゴジラ』と、『シン・ゴジラ』である。

この両者においては、「祈り」や「超能力」などが出てくる余地はない。ミレニアムシリーズが逃げ込むことができたような「神秘」はもはや存在していないのだ。「乙女の祈り」もなく、ゴジラと思いを通じる女性の超能力者もいない。

東日本大震災後は、「神秘」に逃げ込むことはできず、問題に再び向き合うことにならざるをえない。科学と人間の組織の生み出したものを、科学と人間の組織により対処する。この悪夢の連続のような解決不能性が再び蘇ってきている。そして、この悪夢の享楽と呼ぶべきものすら、そこにある。

この享楽こそが、重要なのだ。詳しくは、次章で語る。

前章で確認したように、解決不能性の葛藤の場であり、解釈可能性がありすぎるからこそ「美」や「聖」の場所となるのがゴジラ映画の性質であった。

それは、第二章で確認したとおり、戦後日本が失った「神」の地位を補うものとして機能してきた。天皇と結びつける多くの論者の問題構成が、それを証している。

だが、〈ゴジラ〉は天皇とは異なる「神」のありかたを示す。

〈ゴジラ〉とは、ぼくたちに常に、科学と自然災害の「解決不能性」を突きつけ続け、それでも努力を促す。諦めを許さないという点において、倫理的な基礎となる。そういう意味での「宗教」のような機能を帯びた存在である。それを「神」と呼んでもいいだろう。

〈ゴジラ〉という虚構の「神」を、戦後日本社会は、必要とし、そして、生み出した。

その「神」を、ぼくたちはこれから追い詰めにかかる。

第五章　神対罪《sin》

神よ、あなたは、ゴジラだったの、ですか……

——武田泰淳「「ゴジラ」の来る夜」

神、ゴジラ

ミニラ大明神があってもおかしくない

〈ゴジラ〉が、日本人にとって「神」の代理の機能を持つということは、庵野秀明の独創ではない。ましてやぼくのオリジナルな着想でもない。

一九六九年に公開された、本多猪四郎監督、関沢新一脚本のシリーズ一〇作目、『ゴジラ・ミニラ・ガバラ　オール怪獣大進撃』には、その機能を自覚していることを示す台詞が存在している。

この作品世界には、怪獣が実在していない。

執拗に描かれる工業――その荒廃した世界では、もはや工業＝公害こそが怪獣であるという言及すらもある――の、潤いのない世界で、仲間はずれにされ、いじめられている鍵っ子が、一人遊びをする空想世界の中に、ゴジラやミニラたち怪獣はいる。その空想の怪獣に励まされ、彼は誘拐事件から逃げ出し、いじめっ子たちにも立ち向かう勇気を得る。

彼の部屋の隣に住んでいるおもちゃ職人は、子供の夢の中における怪獣の機能について、このように言う。

「一種の信仰みたいなものですよ。大人の世界に神様があるように、子供の世界にミニラ大明神があってもおかしくないでしょう」

この〈ゴジラ〉という新しい神の意義を、ぼくたちは追跡する。

とはいえ、ここで「神」という言葉を使うからと言って、ぼくが「神」の実在を信じているわけではないことは、率直に表明しておく。

ぼくは、無神論者である。しかし、社会構造や人の心理における「神」や「宗教」の有用性・必然性を受け入れる者である。同時に、無神論者でありながらも、霊的な感覚（宗教的な建築物や美術を観た時に脳が痺れる感じ）を覚えるタイプの人間である。感動に打ち震え、超越者や超越的なるものへ跪拝したくなるときもあるが、そんなときでも、同時に「これは脳がなんかの作用でこうなったんだろ」と考えてしまうタイプだ。

〝真〟の信仰者の皆様には誠に申し訳ないが、近代以降の科学文明に生きており、宗教のもたらす問題性をも見てきた人間としては、この立場しか採れないのである。

ジャン＝ピエール・デュピュイは言う。

人類の歴史をざっと見渡してみたときにくっきりと浮かびあがるひとつの真理があるとすれば、それはまちがいなくこのこと、人間の集合体とは神々を造り出すマシンだということだ〔…〕もし、人間とは何かを知るためには、人間が神を発明したのは——そうだとして——なぜなのかを理解することがぜひとも必要だとしたら〔…〕神ということで、わたしが言おうとしているのは、人間たちがその歴史を通じてみずから作り出してきたあらゆる神性、人間たちが人間的領域の外に投影してきたあらゆる外部性、それらが共通にもっているもののことである。

（『聖なるものの刻印――科学的合理性はなぜ盲目か』P5－25）

先に、「美」について、イーグルトンの見解を紹介した。ぼくなりにこの両者の見解を組み合わせた上で嚙み砕く。

人間は、生きていくためにどうしても論理や政治や制度の「矛盾」を出してしまう。そして、この矛盾を「美」なり「神」なりの概念や記号を生み出すことで誤魔化す、ということである。この誤魔化しのポイントを人間の集団は常に生み出してしまう。小さな子供から「なんで」、「なんで」と質問攻めをされるときのことを想定してほしい。

「そう決まっているからだ」と言ってしまうポイントがあるはずだ。常識、慣習、昔から決まっている……などなど。そのように、論理や根拠では基礎付けられないポイントがどうしても出てきた際に、「神」や「聖なるもの」の領域を人間は作り出し、正当性の根拠とする。ある社会のシステムのほつれを糊塗するものこそが、「神」であると言い換えてもいい。

それは「美」とも重なる。

「美」や「芸術」が、宗教とともに、俗世とは別種の価値の空間として想定されているのも、社会的・政治的矛盾をそこに投げ込むことでなんとかしてくれるだろうという無責任な期待に委ねて日々を送るため

何なのかその正体を探る。

の功利的な信念なのである。
そのような意味で、本論では「神」という言葉を使い、〈ゴジラ〉という神を生み出した戦後日本とは何なのかその正体を探る。

憲法とゴジラ――日本人の無意識にして超自我

憲法九条に関係して、複数の思想家が興味深いことを言っている。フロイトのトラウマの概念と、「神」的なものを繋げて語る論考は非常に示唆に富む。
柄谷行人は、『憲法の無意識』を刊行した後の『文学界』二〇一六年八月号のインタビュー「改憲を許さない日本人の無意識」で、こう述べている。

この本で憲法九条について書きながら、「召命」という言葉を想起しました。英語でcalling、ドイツ語でBerufung。そういう、神に召されるようなことが個人だけでなく、民族、国民にも起こりうるということです。それは日本が特権的な所だからではなくて、愚かしい戦争に敗れた、外から見れば惨めな所であったからです。それでいいじゃないか。そこにこそ名誉があるんです。（P25）

憲法九条は、もはや日本の「無意識」になっていると柄谷は考える。
意識的反省なんて、戦争経験をもたない世代になったらすぐ消えるはずですよ。ところが、九条は消えない。それは日本人のもっと深い無意識に根ざしているからです。
（P20）

何度も言うが、ぼくらは戦争を直接、経験していない。なぜか、その現在のぼくらにとって、いまだ〈ゴジラ〉という虚構内存在は心と考えに影響力を持ち続けている。それは謎だ。この柄谷の語りは、まるで、その謎について、そのままあてはまるようだ。

柄谷は憲法こそが、日本の無意識だと述べているが、ぼくは、〈ゴジラ〉こそが日本の無意識なのではないかと述べたい。

この「日本国憲法」と〈ゴジラ〉の重ね合わせは、全く無根拠ではない。日本国憲法が公布されたのは一九四六年一一月三日。『ゴジラ』の公開は、一九五四年の一一月三日。『シン・ゴジラ』の作中でゴジラが出現するのは二〇一六年一一月三日。この重なりからは、作り手の中に、日本国憲法を意識させる狙いがあると考えて良い。

無意識が、超自我、つまり、神的なもの、倫理の基盤のようなものとして機能するようになるのは、トラウマというメカニズムを経てであるというのが、柄谷のロジックである。

カントは美と崇高の違いを、つぎのように説明しました。美はいわゆる美しい対象に対してもつ感情です。つまり、美は感覚的な快にもとづくが、崇高は感覚的な不快を通して実現される。崇高とは、巨大な対象に対して屈服すると同時に、その不快を能動的に乗り越えることです、実は、これはフロイトの考えたことに似ているのです。たとえば、彼は『快感原則の彼岸』で、一歳半の子供が、母親が外出したあと、一人遊びを創り出したことを例にあげています。日本語でいうと「いない、いない、ばあ」というような遊びです。これは母親がいなくなった苦痛、不快を何度も反復して、それを能動的に乗り越えることですね。つまり、これはカントが崇高についていだしたのと同じものなのです。（P16‐17）

これもまた〈ゴジラ〉のことではないか？　巨大すぎて感性・認識の限界を超える対象に抱く「崇高」の感覚。それから、それを克服するための「反復」する営み。それはまさしくゴジラが何度も襲来することを指して言っているかのようである。

フロイトの『快感原則の彼岸』は謎めいた文章だ。戦争でトラウマを抱えた兵士が繰り返し見る、自己の生存にとってプラスとは思えないような「悪夢」の反復と、おもちゃを投げては手繰り寄せる子供の「遊び」を重ね合わせている。

ここから、ぼくたちは、柄谷からも、フロイトからも多少自由になり、連想を広げよう。悪夢そのものが反復するという遊びがあるのではないか。悪夢が終わらないことそのものが遊びに変わる契機があるのではないか。

「終わりなき日常」（宮台真司）ではなく、悪夢を、悪循環を、解消できない葛藤を、その反復それ自体を、遊びによって、享楽へと変換させる。ときに「かわいさ」にも変換してしまう、そのような大衆的な精神的な模索として、ゴジラシリーズを解釈することができるのではないか、と。

外部から訪れた外傷により、トラウマは発生し、そこから生まれる攻撃衝動（死の欲動）は自他を破壊する。しかし、それを映画という虚構の中に押し込めることで、飼いならそうとする試み。暴力自体が、虚構化され、供犠が上位化した状態。輻輳的な暴力が、虚構を通じて、ぼくたちに畏怖や畏敬の念や崇高さや敬虔さをすら覚えさせる。そのことにより、失われた「神」の代理として構造的に機能してしまう（あるいはその機能を欲する無意識により、作品が召喚される）。それこそが〈ゴジラ〉だったのではないのか。

科学のジレンマ、自然のジレンマ、被害・加害、地方・中央の両義性などは、決して解決されない。解決されないが、襲ってくることによって「意識し続けなければならず」、そして解決のために「奮闘する」。このような、耐えざる「立ち向かうという倫理」を励まし続けるための「超越的なもの」の代理としてゴジラシリーズは機能したのではないか。解決不可能かもしれない課題に、それでも何度でも「挑み続けること」、その反復そのものが解決よりも重要な何かとして機能し続けているのが、ゴジラシリーズなのではないか。

その苦闘の悪夢的な連続をこそ享楽化する技法を、ゴジラシリーズは教えているのではないか。その享楽化の中にこそ、神がいる。

それは、山本七平が「日本教」と呼んだ、労働や家事の中に宗教性を見出すあり方に似ている。「仕事は経済的な行為ではなく、一種の精神的充足を求める行為なのである」（『日本資本主義の精神』P38）、「「世俗の業務は、宗教的修業であり、それを一心不乱に行えば成仏できる。」ということ」（P138）、これが、日本の資本主義の背景にある精神的な背景であると山本は言う。

繰り返し〈ゴジラ〉と戦うこと――科学や自然がもたらす災厄と戦い続けること――その不毛で絶望的な繰り返しをなんとか耐えるために、聖なる業務へと心理的に変換する装置。それがゴジラ映画なのだ。

「無常」と諦めるのではなく、「挑み続ける」という倫理

日本人論として、自然災害が絶えず襲ってくることが、その宗教的な世界観を形づくったというものがある。山本も、日本の資本主義の発展の背景にある精神の源流のひとつとして、二宮金次郎像で知られる二宮尊徳に注目している。川が決壊して生家を失ったことに始まり、彼は自然災害との戦いの中で固有の勤勉さを身に着けていったのだと、山本は考えている。

自然災害と日本人との関係を考える際に頻繁に引き合いに出されるのは、鴨長明の『方丈記』である。「行く川のながれは絶えずして、しかも本の水にあらず。よどみに浮ぶうたかたは、かつ消えかつ結びて久しくとゞまることなし。世の中にある人とすみかと、またかくの如し」という書き出しの本作は「無常観」を描いたとして有名である。

実際に読んでみると、思った以上にかなり明るくさっぱりした印象を受ける。今でいうところのモバイルハウスのようなものを作り、山に篭もって住んでいるのに驚く。「無常観」に至るまでに、鴨長明は大量の災害を経験しており、『方丈記』には大火、竜巻、遷都、飢饉、地震の具体的で凄惨な描写がなされている。その受難を受け止める心のありようとして、「無常」という状態が生み出されたとも言える。

その無常観は、日本人が、巨大な災害に遭ったときに、それを理解するための一つのパターンとなっているいると思しき部分がある。たとえば小林秀雄が第二次世界大戦中に書いた「無常といふこと」がそうであろう。

『モスラ』の原作者の一人でもある堀田善衛は『方丈記私記』の中で、戦争中は強く無常観の影響を受けていたと語っている。だが、ある光景を見たことで、「無常観」の問題性に気づいたと書いている。それは、東京大空襲で焼け野原になった土地で、民衆が、天皇に土下座している光景である。「誰がなんといっても強いられた死」に対しての「最高の責任者」である天皇に被害者が謝るという理不尽。しかし、「焼け跡の灰に土下座をして、その瓦礫に額をつけ、涙を流し〔…〕、申し訳ありません、申し訳ありませんとくりかえしていた人々の、それは真底からのことばであり、その臣民としての優情もまた、まことにおどろくべきものであり、それを否定したりすることもまた許されないだろう」（P63）と彼は考える。

人民の側において〔…〕しかもそれは天災などではまったくなくて、あくまで人災であり、明瞭に支配者の決定にもとづいて、たとえ人民の側の同意があったとしても、政治には結果責任と言うものがある筈であった〔…〕人々のこの優しさが体制の基礎となっているとしたら、政治においての結果責任もへったくれもない。（P65‐66）

その原因は、「鴨長明にも、また数々のすぐれた仏教者たちにも何等直接の責任はないことであるけれども、われわれのなかに、厳然として宿っているものである」、「いわば、無常観の政治化（Politisation）とでも言うべきものであろう」（P66）と、日本人の災害への基本的な心情的なパターンとも言うべき「無常観」を政治利用することへの強い抵抗を示している。

それから『方丈記』の「羽なければ、空をも飛ぶべからず。龍ならばや、雲にも乗らむ。」、「世にしたがへば、身くるし。したがはねば、狂せるに似たり。いづれの所を占めて、いかなるわざをしてか、しばしもこの身を宿し、たまゆらも心を休むべき」という一節を引用し、「こういうことばを何度か念仏のようにとなえていると、いつか、なーるほど、そういうものか、というところから、そうでもあるだろう、その通りだ、というところまで運ばれて行ってしまい、身を起ててデモに行こう、あるいは戦わねばならぬという意志をそらしてしまう作用をもたらす」（P67）と言う。

堀田の心は、戦後の「新しい日本」を生み出す希望に満ちていたに違いない。その彼にとって、誰も責任を問われずただただ踏みにじられ、被害を受け入れてしまう「無常観」とは、堀田にとって、ただただ絶望をもたらすものだった。

宮崎駿はこの作品の影響を強く受け、映画化の企画を動かしていた。二〇〇八年に神奈川文学館で開催された「堀田善衛展　スタジオジブリが描く乱世。」における講演「堀田善衛と私」で、宮崎駿はその経緯を語っている。

戦後の、ゴジラシリーズや宮崎アニメに共通するのは、「無常」を絶対的に拒絶する態度である。繰り返し襲い続ける災害のような存在としてのゴジラと戦い、そして感情移入しつつも、「無常」のように諦めたりはしない。決して諦めず、常に戦い、飼いならす試みをし、かわいくしたり、あの手この手でなんとかしようとする。それは「無常」とは異なる、災厄への対処の、新しい心性である。

たとえばキリスト教であったら、受難には、「ヨブ記」などのように、神の試練などと意味づけて、自身の生と災厄の関係性を理解するだろう。そのような意味において、ゴジラは、神の代理として、宗教的な意味（人間と災害との関係の宇宙論的な意味）を模索する試みそのものの化身として、ぼくらの歴史の中に立ち現れているのだ。

長山靖生が、「ゴジラによってもたらされる災厄は、一匹の巨大不明生物による偶発的不条理などではなく、人智を超えた宇宙的な必然のはたらきを感じさせる。それはまさに、天罰、天から受ける傷としての不幸である。被害者はこの災厄を通して、自分と天のつながりを（幻想にせよ）感じることになる。それは大いなる不幸には違いないが、無意味で匿名的な不幸ではなく、意味のある「私」の不幸になる」（「シン・ゴジラ――虚構の幸福、現実の不幸」、『「シン・ゴジラ」をどう観るか』P66）と語っているのは、ゴジラという存在・作品の持つ宇宙論的な意味についての雄弁な証言であろう。

しかし、ぼくは長山の見解に反対である。「天罰」として「意味」付ける機能をゴジラがもし持っているのなら、むしろ、ゴジラは被害者に対してあまりにシビアすぎやしないか。現実に起きる被害は、偶発性が強く、意味や条理をそこから読み取ることが不可能なことが多い。だからこそ人々は意味を求めてしまうということは理解できる。しかし、そのような「意味」は、逃げである。ゴジラが提示しているのは、そういうものではない。

〈ゴジラ〉は、被害者であり加害者であり傍観者であり参加者であることという立場に巻き込まれる「擬似的な祝祭」の中で、「意味」という高度な認知ではなく、情動的に無意味や不条理への嘆きそのものをキャンセリングしてしまう装置である。

啓蒙と進歩の夢――『カンディード　あるいは最善説』

ここで、3・11という未曽有の災害との比較のために、一七五五年に発生したリスボン大震災の場合を見てみよう。ポルトガルで起きたこの地震で、二万人が建物の倒壊などで即死、一万人が津波に飲み込まれ、その後市街地が燃え続けたという。

リスボン大震災はカトリックの祭日である一一月一日に起こった。ポルトガルは敬虔なカトリックの国である。その祭日に起きたということは、「神の意志」なのか？　カトリック教会は、「天罰」すなわち、神による罰だと言った（東日本大震災のときに、石原慎太郎が、日本人の強欲に対する天罰だと発言したが、似たような発想である。何故東北の沿岸部の人にその罰が来る？）。

だが、ヴォルテールは、「神の罰」であるという意見に組しなかった。「リスボン大震災に寄せる詩」では、悪徳の報いなら、何故ロンドンやパリに地震が来なかったのかと憤り、理詰めで神に抗議している。ヴォルテールは、啓蒙主義の思想家として、ヒューマニズムに基づき、このような苦しみを発生させる神を弾劾し、「神の責任」を追及している。「神」ではなく「理性」を重視するというのは、実質的に「神を殺す」ことに等しい。そのような、神に対する憤りが存在しているのは、『方丈記』に見られる無常観との大きな違いである。

当時流行していた哲学である、ライプニッツの「最善説」という、複数ある世界のうち現にあるこの世界は神が選んだ最善の世界であるという考え方を、ヴォルテールは揶揄する。その説を信仰するカンディード青年を、リスボン大震災を含む様々な災害の中に飛び込ませ、「これでも本当に世界は最善なのか」と悩ませる傑作『カンディード』を発表する。

悲惨なことが次々に起こり、その中で弄ばれる人間達が、まるで喜劇のように描かれる。

「人間はけっして狼に生まれたのではないのに、狼になってしまった。神は人間に、二十四ポンドのカノン砲やら銃剣を与えたわけではないのに、人間は自分たちで銃剣や大砲をつくって、たがいに殺しあっている。また、破産とか、破産者の財産を差し押さえたうえに債権者の取り分までまきあげる裁判所とかも、やはり人間が自分で作った災いに数えてよいでしょう」

「そういったことはすべて、そうなる以外にありえなかったのです」片目の博士は答えた。「個々の不幸が全体の幸福をつくりだす。ゆえに、個々の不幸が多ければ多いほど、ますます全体が幸福なのです」

（P29）

「それでは、この世界はいったいどういう目的でつくられたのでしょう」カンディードは尋ねた。

「何だこれは、と私達を憤らせるためですよ」マルチンは答えた。

〔…〕

「人間が人間どうしで殺しあうのは、昔からずっといまと同じように人間がしてきたことだとお考えですか」とカンディードは言った。「はたして人間というのは、つねに嘘つきで、狡猾で、不実で、恩知らずで、悪党で、弱虫で、移り気で、卑怯で、焼き餅焼きで、大食いで、飲んだくれで、けちんぼうで、野心家で、残忍で、ひとを中傷するのが好きで、放蕩者で、狂信家で、偽善者で、そして愚か者であったと、そうお考えなのですか」

（P139－140）

「この世にあるのは、まぼろしと災いのみ」（P170）

このように書くヴォルテールは、理性を信じる啓蒙主義者である。神の支えをここで失ったに等しい。代わりに理性や知性という神の代理を見出した、と言いたくなるが、「リスボン大震災に寄せる詩」を読むと、ことはそう簡単ではない。

では、巨大な知性を働かせば何ができるのか
何もできない、運命の書は閉じられており読むことができない
人間は、人間にとって見知らぬ者で、正体不明だ
私は何であるのか、どこから来て、どこへ行くのか
われわれは泥の球のうえでもがく微粒子にすぎない
運命にもてあそばれ、やがて死に飲みこまれる
だが、考える微粒子であり、思考に導かれて
その目で点の大きさを測ることのできる微粒子である
思考によって自分を無限の空間に投ずることもできる
が、自分で自分の姿を見、自分を認知することはできない（P246）

およそ啓蒙主義者とは思えない悲観的な言葉が語られている。

そして、神の迷妄から冷めた人々は、「近代化」し、理性と知性の力で、科学や資本主義を発展させ、進歩してきた人類は、どうなったか。

第一次世界大戦、第二次世界大戦、都市化、資本主義の搾取、ナチスの強制収容所、共産主義の収容所群島、世界貿易センタービルの特攻自爆テロ、広島・長崎への原爆投下、チェルノブイリ、ハリスバーグ、セラフィールド、福島での原発事故……。

啓蒙と理性と知性によって進んできたその先にあったこれだけの悲惨な出来事を、ぼくたちは既に知っている。ぼくらは未だに泥の球のうえでもがく微粒子にすぎず、自分たちが「考える」ことによって生み出してきたものに更に苦しめられる微粒子になってしまった。

戦後、「神の国」ではなくなった日本は、すぐに戦前の総力戦体制をそのまま経済に振り向け、高度経済成長を達成させることに国民、政府が一丸となった。「進歩」と結びついた「科学」、おそらくは、そこらじゅうを埋め尽くした工場の煙突群や埋め建て地の巨大製鉄所に象徴される「重工業」をも、神の代理として、必要とした。

しかし、禁じられた「神」への想いが思わずあふれ出してしまう場所、それがサブカルチャーだ。ここは、軽んじられていたがゆえ、倫理やタブーから比較的自由な領域だった。だからこそ、日本のSFは、小松左京、光瀬龍、山田正紀、押井守、大友克洋、神林長平、瀬名秀明、伊藤計劃のように、宗教的・哲学的な思索を担う作品と、科学技術的な感性の反映された作品とが混ざり合う特殊な発展を遂げてきたのだろう。

では、戦後日本のサブカルチャーが代償的に満足させた感情とは、はたして何だったのだろうか。

それはロマンチシズムである。

罪、ゴジラ

『日本浪曼派批判序説』——戦後に残存する浪漫主義

戦中の日本において、精神的な影響を強く持ったのは、日本浪曼派である。

橋川文三『日本浪曼派批判序説』によれば、その精神は当時のウルトラ・ナショナリズムやファシズムと深く関連していた。

> 私のみたかぎりで、日本ロマン派の批判らしきものを含んだ文章は必ずしも少いわけではないが、しかし、一般的には、この特異なウルトラ・ナショナリストの文学グループは、むしろ戦後は忘れられていた。それはあの戦争とファシズムの時代の奇怪な悪夢として、あるいはその悪夢の中に生れたおぞましい神がかりの現象として、いまさら思い出すのも胸くその悪いような錯乱の記憶として、文学史の片すみにおき去りにされている。（P9）

日本ロマン派が悪名高い「東洋的ファシスト」、「帝国主義その断末魔の刹那のチンドン屋、オベンチャラ、ペテン師、詐欺漢、たいこ持ち」（杉浦明平）であったことは知られている。そして、それゆえに保田などは追放されたのであるが、いわばそうした事柄の成行だけはわかっていても、かれらが「何をしたか」はあまりハッキリしないというのである。（P14）

このように一見、冷静に突き放している橋川も、実は、戦中は日本浪曼派に、自分がイカれていたことをはっきりと認めている。そのような詩的な熱狂が、ウルトラ・ナショナリズムやファシズムに青年達を駆り立てる危険な経路を、身を以って知っているのである。

私たちの失われた根柢に対する熱烈な郷愁をかきたてた存在であった〔…〕ある種の政治的無能力状態におかれた中間層的知識層が多少ともに獲得する資質に属するものであって、現実的には道徳的無責任と政治的逃避の心情を匂わせるものであった〔…〕保田の文体の異様さを決定したものは、このようなイロニイに必然的にともなう一種の焦燥的な熟成の熱望であった。それはある明確に与えられた現実的限界のリアリズムをさけて、自我の可能性を上へ追い上げようとする衝動から生まれてくる〔…〕閉塞された時代の中で、「神というと大げさになるが、何かそういう絶対的なもの」を追求する過程〔…〕病的な憧憬と美的狂熱〔…〕ここで問題となるのは、かれらに共通する一種の反政治的思想であり、しかもそれが、もっとも政治的に有効な作用を及ぼしえたことの意味である。私が「耽美的パトリオティズム」と名づけたものの精神構造と、政治の関係が改めて問われねばならないことになる〔…〕政治に対する美の原理的優越〔…〕政治を「伝統」もしくは「歴史」のうちに解消する態度である。そして小林（秀雄）や保田において、「歴史」は「伝統」と同一化せられ、それらは、いずれもまた「美」意識の等価とみられたのである。（P40－113）

昭和の精神史を決定した基本的な体験の型として、まず共産主義、プロレタリア運動があり、次に、世代の順を追って「転向」の体験があり、最後に、日本ロマン派体験がある〔…〕右翼・ファシスト的観念論に嫌悪を感じていた若い世代が、保田の国粋的神秘主義にはかなり容易にいかれたということ、この点の解明が大切〔…〕保田のいうように、日本ロマン派は、満州事変とマルクス主義の敗北という衝撃を真正面から受けとめた「一等若い青年のあるデスパレートな心情」を母胎として生まれている〔…〕昭和十年代における「転向」が、家族＝郷土＝国家の「実感」への回帰をてことして行われたことは、種々の転向文学、転向手記の明らかに示すところである。（P15－203）

浪漫主義とは、絶望の中から生まれる、郷愁に満ちた狂熱のようなものであることと、その直前にマルクス主義の弾圧が起こったことが重要なことである。行き場を失った政治的情熱が、浪漫主義へと流れ込む。政治的情熱もまた、浪漫主義の一部である。問題は、日本浪曼派の場合は、「日本」や「精神」と「自己」が一体となるような熱狂的な「詩的感情」を掻き立てたことだろう。そのような壮大かつナルシスティックな自己理解、国家観は、侵略戦争を遂行する心情的な動機として機能しただろう。

ロマン主義は、元来、光（啓蒙、理性、科学、合理性）への失望、反発と関係しているものだった。フランスとライバル関係にあるドイツやイギリスで、「闇」、「非合理性」、「感情」などを重視する思潮が形成された。SFの起源であり、〈ゴジラ〉の先祖でもある『フランケンシュタイン』も、ゴシック・ロマンスの潮流の中で誕生した。科学による敗戦と、精神的・宗教的な中心である天皇を奪われた戦後の人々が、屈折した形で生み出した「郷愁」や「ロマン」、「神」の虚構的な満足のための装置が、戦後SFである。もちろん、〈ゴジラ〉もその要素を強く持っている。

特攻は、特攻して死ぬことで英霊となり、国家や天皇と繋がるという、浪漫主義の詩的精神と結びついた行為だった。ゴジラシリーズだけでなく、戦後のサブカルチャーは、この特攻のロマンティシズムとの対決の歴史である。典型として、『宇宙戦艦ヤマト』第一シリーズや、第二シリーズの結末部分に、その葛藤が描かれている（庵野秀明には、『宇宙戦艦ヤマト』の後継者を自認している発言がある）。

ゴジラシリーズにおける〝特攻〟は、一作目の芹沢博士だけでなく、第二作『ゴジラの逆襲』（一九五五）でも行われる。ゴジラが南の島から来たことに対比して、こちらはシベリア出身のアンギラスが登場し、対決をする。内容そのものは、一作目から引き続き特撮を担当した円谷英二の特撮など見るべきところも多く、なにより迫力がある。

注目すべきは、ゴジラの倒し方である。

今回はオキシジェン・デストロイヤーなどの兵器でなく、航空機による氷山による突撃によってゴジラを埋めてしまうという作戦になる。第一作では密やかな隠喩として、そして、「それは失われていく」ものであるとして、屈託と屈折を込めた「特攻」が、こちらではあまりにも直截的に再現されてしまっている。「特攻」のロマンチシズムへの欲望とその倫理的抑制の葛藤は、戦後日本のサブカルチャーにおいて「全体主義」の誘惑への葛藤と同じぐらい重要なテーマである。

では、ここで、戦後のサブカルチャーが、その魅惑と、それに対する倫理的葛藤の中で飼いならそうとした、魅力的でありながら政治的に危険な効果をもたらす日本浪曼派の思想とは、どのようなものか。

保田與重郎「日本の橋」――「耽美的パトリオティズム」

日本浪曼派の代表的な作家である、保田與重郎の代表作「日本の橋」に、日本浪曼派的な精神の典型的な表現がある。

「西洋」のしっかりした橋と違って、「日本の橋」は「哀っぽい」と保田は言う。

フランス、ローマと比較し、惨めであるが、むしろそれが良いと、精神の中で逆転させてしまう。

まことに羅馬人は、むしろ築造橋の延長としての道をもっていた。彼らは荒野の中に道を作った人々であったが、日本の旅人は山野の道を歩いた。道を自然の中のものとした。そして道の終りに橋を作った。はしは道の終りでもあった。しかしその終りははるかな彼方へつながる意味であった。（P12）

現実を超えたものへの通路として、日本の橋を捉えようとしている。今で言う、拡張現実のようなことを言い出している。

こんな東洋人は道のように自然なものの果に、自然なものの延長として、けだものの作ったような橋しか作れなかった。そういう橋をただ抽象自然したことは、神庫も橋立のままにといった諺によっても知られるようである。もうその頃では人が自由に神の国と地上国をゆききした時代ではない。もともと一体だった大君と神とが別々になられること、早くも人と神との交通に橋の尊い可能面が考えられていた。かかる日本では人工さえその極地に於ては自然を救うために構想せられたのである。
（P17）

さて日本の橋の見た眼の貧弱さはもはや何ともならなかった。彼らは道を造るさきに、道を求めていた。生きものの拓いたみちを求めることに、絶大な信仰生活を燃焼させていたのである。それは昔の宣長が素朴な形で発見し、それ以上にはこの科学的思弁者さえもが何とも弁証できなかったわが上代の自然観である。
（P17）

そして、「日本の歌」＝和歌なども「橋」であるという。男女の間を超えるための「橋」（P18）であるといい、「科学的」で立派な橋よりも、哀っぽい精神的な日本の橋を賛美する。日本の貧乏くさい橋は、精神的な世界や、神と繋がっている。そして「もののあはれ」などを通じて、日本人皆の心が通じているのだ。

これは、物質的・文明的な劣等感が生み出した、妄想上の逆転である。神と精神と自然と歌とを持ち出す。そして精神的な優位性を歌う。詩的精神の中で、生と死、自己と他者、個人と国家などの区別をなし崩しにさせるように言葉で酔わせることこそが、日本浪曼派の詩的な効果であった。それは、単なる「美しさ」であると当人達が思い込もうと、現実としては強い政治的な効果を持ち、現実に影響を及ぼしたものであった。その政治的な現実とは、ファシズムと、膨大な死者を出した戦争である。

第二次世界大戦以降、日本浪曼派的な精神のありようは、倫理的に許されないものとなる。実際、保田は公職追放されている。ＧＨＱは、ウルトラ・ナショナリズム、軍国主義と結びつく精神であると判断した。

しかし、精神はそう簡単に変わるものではない。抑圧された心情は、形を変え、戦後日本のサブカルチャーの中に姿を現すのである。

「ニュータイプの日本浪曼派」としての『シン・ゴジラ』

先んじて断っておきたいが、ロマン主義の残滓が形を変えてサブカルチャーの中に残っていること自体を、ぼくは糾弾したいわけではない。

ロマン主義そのものは、いつの時代も、何度でも、抑圧されても、なぜか回帰する類のものだろう。その情熱は、ぼくらにとって、創造や創作の、毒にも薬にもなりうるものなのだ。第二次世界大戦のときの「日本浪曼派」の場合は、明らかに毒になった。「プロパガンダ」に芸術が奉仕するとき、それは毒になる。戦後のサブカルチャーは、それを無害化するため、飼いならすための努力であった（今も）という側面がある。

『シン・ゴジラ』に対する危惧をはっきりと言おう。

日本浪曼派が、言葉や観念「のみ」で酔わせたように、『シン・ゴジラ』は映像の快楽で酔わせ、「個」や「虚構と現実」が融解しているかのような錯覚に陥らせる。

この酔いは、実に魅力的だ。だからこそ、身を引き剝がさないといけない。

なぜか。

ロマン主義的情熱は、人間の内奥から沸きあがってくる止みがたいものだ。それを認めたうえで、それのもたらす危険を自覚しなければいけない。それを飼い慣らすための「文化」、「芸術」、「エンターテイメント」という装置が、その情熱を、具体的にどのような水路に流し込むのかを精密に見ていかなければ、再び、第二次世界大戦のときの日本のような、ウルトラ・ナショナリズムやファシズムの熱狂的な心理・政治状況が訪れかねないからだ。

もちろん、橋川が注意するように、日本浪曼派とファシズムを直結させて考えることはできず、そこには「幾つかの中間項」が必要ではある。しかし、中間項を介してではあるが、影響しかねないものであるということも意識せざるをえない。

『シン・ゴジラ』や、そのほか『ガールズ&パンツァー』などの「萌えミリ」などを擁護する際にもネットで典型的に発せられる「単なる虚構」、「単なるエンターテイメント」と言う言葉の中に、危うさを感じる。橋川はこのように注意している「かれらに共通する一種の反政治的思想であり、しかもそれが、もっとも政治的に有効な作用を及ぼしえた」（P107）。橋川はそのような反政治的でありながら実際には政治的効果を持ってしまったものを「耽美的パトリオティズム」と呼んでいる。

現在の作品を受け取る者の中に、現代版「耽美的パトリオティズム」はないか。

その「耽美的パトリオティズム」は、政治と関係ないと当人たちが思い込んでいる〝からこそ〟政治的な有効性を持つ。この危険性を自覚せねば、ひょっとすると第二次世界大戦のときにそうであったように、ファシズムや戦争の美化などのプロパガンダや政治の意志に従属させられていないとも限らないのだ。『シン・ゴジラ』やサブカルチャー、オタク・カルチャーを真に愛するものたちに言いたい。『シン・ゴジラ』を、戦犯にしてはいけない。

ぼくたちには、そうしてはいけないという責務がある。虚構の政治的効果を自覚し、現実における未来の惨劇を防ぐ努力をする防げるのは、ぼくたちである。ことによって、それは可能になる。

庵野秀明は、『新世紀エヴァンゲリオン』において、自己と他者の軋轢をテーマにし、自他の境界が消える全体主義的・ロマン主義的な心情の魅惑と恐怖を描いていた。「ATフィールドは心の壁」という表現はそれを示す。旧劇場版の結末で「人類補完計画」が実行されるが、それは人間が、自己と他者のない状態で溶け合う状態になることだった。かろうじて、主人公のシンジとヒロインのアスカだけが、個を保ったまま取り残される。その荒涼とした結末は、その先の未来を楽天的に想像させるものではない。

作中では、全体主義的なロマン主義、自己と他者との区別をなくし、一体化したいという心情が、全面的に発露している。しかし、その後に取り残された個の行き場のない荒涼感をも描いている。

この葛藤、両義性に留まる態度こそが、庵野を優れた作家にしている。

『シン・ゴジラ』にも同様の全体主義的な欲望を感じる。そこには、個と個の摩擦が存在していない。そして、ゴジラの被害に遭った者も、コンクリートミキサー車で向かった決死隊の死者も、まともに描かれることがない。明らかに「個」が尊重されていない。

さらに、活躍するのが、「製造業」である。

ゴジラの口に投入する薬を、工場が頑張って生産する。……原発メーカーである東芝で送電関連の仕事をしている父の出身地として工業都市の苫小牧を知っており、全国各地で寂れた工業地帯を見てきたぼくにとって、今や日本はかつてのように素晴らしい製品を作ることができる「製造業」や「重工場」を誇れる国家ではない。このことを、痛ましくも認めなければいけない。日本の工業製品が世界で売れていた時代でもない。海外に行って、見かけるのは、サムソン、ヒュンダイ、ハイアール、レノボなどの方が多い。日本国内ですら、すでに国産品は、見る影もなくなりつつある。

『シン・ゴジラ』において、「製造業」が強かった時代における、「強い日本」が、復古的、懐古的な、郷愁を伴ったものとして、擬似的に復活してはいないだろうか。もはや衰退して「哀れっぽい」ことになっている「製造業」の現実を糊塗し、ロマン化していないだろうか。男達が活躍する、男らしさが重視される時代（製造業から第三次産業にシフトしていくにつれて、男性よりも女性の正社員の雇用の率が増えていく。接客業、介護など、かつての「男らしさ」ではないものが重視されるような産業構造にシフトしているのだ）。そのロマンは、正直、燃える。工場大好きっ子として、燃えるのだ。しかし同時に、虚構だな、という冷めた気持ちにもならざるを得ない。苫小牧、室蘭、日立などの光景を見てきたことが、ぼくにそうさせる。もはや工場の一部は廃墟であり、遺跡になりかけている。炭鉱やその周辺のものは現に「産業遺産」に登録されている。もはや失われたものへの思慕のようなものが、『シン・ゴジラ』にはある。これは、ロマン主義の構造と非常に類似している。かつてはローマの遺跡群から古代に思いを寄せ、理想の世界があったと詩的に夢想していたのが、現代では重工業の時代に思いを寄せ、理想の世界があったと映画的に夢想しているのである。

絶望の時代だからこそ見出される「希望」として、たとえば古谷経衡が本作を論じているのも気になる。「デスパレートな心情」をベースにした狂熱のようなものがあるように思われるのだ。

現代の、日本浪曼派が生まれる心理的条件は、明らかに整っている。ローマではなく、高度成長の時代が郷愁の対象となり、肥大化したナルシズムの幻想が抱かれる。橋ではなく、工業こそが、実に哀れっぽい存在として、劣等感を刺激してくる。だからこそ、妄想的に肥大化させた「日本」と「自己」を一体化させてしまいたい……。熱狂とともに一体感を得たい……。その崇高な使命の中での死も厭わない……。『シン・ゴジラ』は、杉田俊介言うところの「ニュータイプの国策映画」ではない。「ニュータイプの日本浪曼派」なのだ。

ゴジラ・ナショナリズム

〈ゴジラ〉は、戦後日本の「神の国」ではなくなった空虚を埋めるための、擬似的な國體《こくたい》であり、虚構的な象徴であった。そして、ナルシズムを満たしてくれる装置でもある。魅力的であると同時に危険なものである。

だからこそ、『ゴジラVSキングギドラ』のように、ゴジラの元となるゴジラサウルスという恐竜が、第二次世界大戦のときに、南の島で日本兵とともにアメリカ兵と戦い、瀕死の状態になる。そして、その姿に対して、日本兵が敬礼をするような描写も起きるのだ。

このゴジラは、ゴジラ＝日本兵の亡霊説を明らかに踏まえており、反米感情の強いゴジラである。このゴジラは、ある大企業のトップとして高層ビルの中にいるかつての戦友である日本兵に再会し、見詰めあい、万感の思いで涙を流すようなそぶりを見せたのち、ビルを彼ごと破壊する。あたかも、敗戦を終戦と言いつくろい、沖縄を捨て石にし、本土決戦を回避し、神（天皇）を人にしてしまった戦後日本とその高度成長そのもの自体を裁くかのように。

高橋敏夫は、エメリッヒ監督の『GODZILLA』を貶す人々の声に「ゴジラ・ナショナリズム」と名づける傾向を見出し、警告を発している。確かに、ゴジラは、ナショナリズムと結びつきやすいコンテンツである。

しかし、起源から考えれば、〈ゴジラ〉は純粋に日本のものとも言いがたいことも分かるはずだ。イギリス人の女性作家、メアリ・シェリーが書いた『フランケンシュタイン』、その映画版、『キングコング』、『原始怪獣現わる』などのアメリカ映画、それから『ドクトル・マブゼ』などのドイツ映画にも大きく影響を受けて生まれた。「映画」を発明したのも日本人ではない。ゴジラは、起源からして雑種な存在なのだ。その雑種性ゆえに、ゴジラは何でも取り入れて姿を変え続けた。その有様自体が、戦後日本の大衆文化の雑種性、健全性を表してはいないだろうか。

加藤周一は『雑種文化――日本の小さな希望』の中で、日本文化は「根底」から雑種であると言った。制度や思考、言語の「根」のレベルにまで外来の種が入り込んでいるという。「日本精神や純日本風の文学芸術を説く人はあるが、同じ人が純日本風の電車や選挙を説くことはない」（P32）という言い方でそれを現している。そして、この雑種性を高く評価し、だからこそ、大衆文化に期待を懸けていると読める文章がある。

大衆はそれをよく心得ている。だから雑種をそのままの形でうけ入れ、結構おもしろく暮す方法を工夫しているが、雑種を純粋化しようなどという大それた望みはもたないのである。ところがいわゆる知識人は大望を抱いて起ちあがる。知識人が文化問題に意識的であればあるほど、日本文化の雑種性をどの面でか攻撃し、できればそれを純化したいという考えに傾く。（P32）

戦後日本における、大衆文化である〈ゴジラ〉の思想的な可能性は、この雑種性の中にあるのであって、決して純粋性にあるのではない。戦後を生きるために、工業立国と化し、戦前・戦中の価値観も振り捨てざるを得なかった人々の倫理的疚しさや、精神的空虚を埋めるために生まれた、雑種の怪獣なのだ。

中心となる〈ゴジラ〉は、（ロラン・バルトが皇居のことをそう呼んだように）空虚なのだ。そして、バルトが天ぷらについて語ったように、解釈という衣がそこを包む。「天ぷらとなって結晶したうなぎ（または、野菜や海老の断片）は、空虚の小さな塊、すきまの集合体、となってしまう。料理はここで一つの逆説的な夢、純粋にすきまからだけできている事物という逆説的な夢を、具現するものとなる」（『表徴の帝国』P41）。ゴジラの着ぐるみ、あるいはCGとは、天ぷらである、などと言うつもりはないが。

安住せず、変わり続けることこそが、ここでは一つの「神」的な理念として機能している。自然、科学、神、ナショナリズム、ロマン主義などと、不可能かもしれないが、対決や和解を「試み続ける」という努力、その緊張にこそ、倫理がある。

対立を解消したり、一体化してしまってはいけないのだ。両義性や矛盾を、解消しないまま、耐え続けること。突きつけ続けること。それが、〈ゴジラ〉の倫理である。バラバラであり続けること、矛盾して、引き裂かれたままであることの緊張感を観客に求める姿勢こそが、〈ゴジラ〉を、ファシズムと区別する最終防衛線である（「タバ」作戦のように破られるかもしれないが）。

〈ゴジラ〉の思想とは、「無常」を乗り越えた新しい宗教観である。解決不能性やジレンマに直面しても何度でも繰り返し繰り返し訪れる、死の欲動のトラウマ的な悪夢こそが、ぼくたちを倫理や超越性に導く（フロイトの考えでは、超自我は無意識において、攻撃衝動・死の欲動が変形したものである）。

神が罪を生み（第二次世界大戦における天皇が、侵略戦争の多くの死者を生み）、罪が神を生む（原爆投下と敗戦と占領の経験が、ゴジラを生む）。

罪＝神であるそのような、戦後日本の精神的空虚さを埋めるためのサブカルチャーの機能を、最大限に発揮する意図を『シン・ゴジラ』の「シン」の中に読み取ってしまうのは、読みすぎではなかろう。

そして、繰り返すが、ゴジラとは雑種であり、矛盾と葛藤が解決できないまま衝突し続け、それでも直面し努力を繰り返すという「姿勢」である限りにおいて、戦後の日本において、倫理性を保ちえてきた。それを、一元的に、ナショナリズムや国威発揚だけに用いる者、解釈する者は、ゴジラが、存在論的に許さない。

『シン・ゴジラ』は、プロパガンダ映画や日本浪曼派になりそうなギリギリのところで、それに抵抗するポイントを用意している（後半にあるわざとらしいプロパガンダのような鼻白むメッセージは、矢口とカヨコの会話や、矢口の演説などに集中しており、これらのシークエンスは、無気力そうにカットを割ることもしない）。それらの抗争の痕跡により、映画が救われ、「抗争」と「葛藤」の場となることによって生じるゴジラの生命を見事に表現することに成功している。

これら、闘争の場であり、矛盾や両義性そのものである『シン・ゴジラ』を、単一の意味や政治思想に回収せず、バラバラな葛藤それ自体として受け止める解釈こそが、この映画を「戦犯」として未来から裁かれることを防ぐだろう。

戦犯にするか、しないか。それは受け取り手であるぼくたちの解釈、そして、未来への覚悟で決まる。「抵抗」の全てを記すには、あまりにも時間が足りない。ここでは、代表例として、人間に絶望してゴジラに変身した（とぼくは考えている）牧博士が残した、宮澤賢治の『春と修羅』と、映画の結末にある、死骸が叫ぶような形をしていたゴジラの尻尾について語りたい。

ゴジラと修羅

宮澤賢治の『春と修羅』を、牧博士はボートの中に残している。

宮澤賢治は、国家のウルトラ・ナショナリズムやファシズムに影響を与えたとされる書き手である。だが、『春と修羅』には、そのようなファシズム的な「全体主義」的な側面と、屹立する個としての側面の両方がある。

加藤典洋が『シン・ゴジラ』を「「唾し　はぎしりゆききする」、長く神経を病んだ、一人の単独者の声を思わせる」と評したのは、『春と修羅』のこの一節を参照している。

いかりのにがさまた青さ

四月の気層のひかりの底を
唾し　はぎしりゆききする
おれはひとりの修羅なのだ

このような単独者的な一節がある一方、詩集としての『春と修羅』の序文には「すべてがわたくしの中でみんなであるように／みんなのおのおののなかのすべてですから」という全体主義的な雰囲気の一節がある。これは宗教を背景にしている。彼は国柱会に入信し、法華信仰を持っていた。国柱会は戦中日本のイデオロギー的な標語である「八紘一宇」を標榜した他、信者に石原莞爾がいるなど、第二次世界大戦における日本の思想に様々な影響を与えた（詳細は、片山杜秀『未完のファシズム』を参照のこと）。

賢治の思想も、自己と他者、自然と人間の「調和」を謳う平和主義的なものに見えるが、ファシズム的な精神とも結びつく部分が大きい。「すべてがわたくしの中でみんなであるように／みんなのおのおののなかのすべてですから」という一節のある『春と修羅』を残した牧博士がおそらく変身したのであろうゴジラは、東北における被害者達の無念が集まった「修羅」である。単独者であると同時に、集団であるような何かとして、今回のシン・ゴジラはいる。

ゴジラは一作目から、ゴジラと、人と、自然と、人工物の全ての感情移入をさせることで、擬似的にアニミズム的な感覚を再現する映画である。まるで犠牲者の死骸の塊と原発事故と津波が合わさったようなゴジラという存在もまた、自己と他者の区別を失わせる存在であった。「巨災対」と「ゴジラ」とは、対立していながらも、非常に類似した「全体」の論理で存在しているものである。

とは言うもののインフラと人間の集合である「東京」そのものに制圧されてしまったゴジラと、巨災対の象徴するものは異なっている。ゴジラと人類が共存していかなければいけないというメッセージは、様々な「両義性」や「矛盾」を解決しようとするメッセージにも聞こえるし、それを糊塗する言葉のようにも聞こえる、その解決不可能性それ自体を突きつけるかのようでもある。

　国会前でのシュプレヒコールが幾通りにも聞こえるようになっていたように、この結末もまた意味が確定しない。解釈が一様になるのを防ぐために、敢えて仕掛けられたしこりである。

　牧博士そのものがゴジラであるという仮説を採用した上で、彼が『春と修羅』を残した意義を考えるとき、この言葉の解釈も可能になるのかもしれない。

わたくしといふ現象は
仮定された有機交流電燈の
ひとつの青い照明です
（あらゆる透明な幽霊の複合体）
風景やみんなといつしよに
せはしくせはしく明滅しながら
いかにもたしかにともりつづける
因果交流電燈の
ひとつの青い照明です

つまり、「わたくし＝ゴジラという現象」は、電気仕掛けで動いているスクリーンに映る幻影であり、あらゆる透明な幽霊＝過去のゴジラだけでなく、第二次世界大戦の死者、東日本大震災の死者、その他、その他の隠喩や象徴全ての複合体である。風景やみんなと「いっしょ」に、全体化している存在であり、「せはしくせはしく明滅」する。それは、映画のことである。連なった映像に見えるが、映画は、フレームごとに画面が消えたり付いたりするのを繰り返し、明滅している。それが、〈ゴジラ〉という現象を存在させている。

『シン・ゴジラ』は、全体主義的なロマン主義の影をまといつつも、最後に屹立する、人の苦悶のような顔を浮かべた死骸のような尻尾によって、ギリギリの抵抗をしている。このことによって、映画は救われている。

それは、岡本太郎の「太陽の塔」が、大阪万博「人類の進歩と調和」のテーマと、丹下健三のパビリオンを突き破り、屹立した、そのことを思わせる。

おそらく、これは映画全体や、時代そのものに対する、否定であり、抵抗なのだ。

「春と修羅」からの一節。

（まことのことばはここになく／修羅のなみだはつちにふる）

全ては映画であり、虚構である。真実はここにはない。

真実があるのは、現実だ。
現実を見よ。
引き裂かれた大地を見よ。
津波が破壊した街を見よ。
見るも無残な原子力発電所を見よ。

未だ、涙は、土にふる。

主要参考・引用文献

赤坂憲雄『ゴジラとナウシカ――海の彼方より訪れしものたち』（イーストプレス、二〇一四）
アン・アリスン『菊とポケモン――グローバル化する日本の文化力』（新潮社、二〇一〇）
アンドレ・シャステル『グロテスクの系譜』（永澤峻訳、ちくま学芸文庫、二〇〇四）
井口時男『物語論／破局論』（論創社、一九八七）
池田憲章『ゴジラ99の真実――怪獣博士の白熱講座』（徳間書房、二〇一四）
井上英之『検証・ゴジラ誕生――昭和29年・東宝撮影所』（朝日ソノラマ、一九九四）
ヴォルテール『カンディード』（斉藤悦則訳、光文社古典新訳文庫、二〇一五）
エドワード・サイード『オリエンタリズム』（上下巻、今沢紀子訳、板垣雄三・杉田英明監修、平凡社ライブラリー、一九九三）
大塚英志『「彼女たち」の連合赤軍――サブカルチャーと戦後民主主義』（角川文庫、二〇〇一）
小野俊太郎『ゴジラの精神史』（彩流社、二〇一四）
小野俊太郎『モスラの精神史』（講談社現代新書、二〇〇七）
カール・シュミット『政治神学』（田中浩・原田武雄訳、未來社、一九七一）
カール・シュミット『政治的なものの概念』（田中浩・原田武雄訳、未來社、一九七〇）
笠井潔『8・15と3・11――戦後史の死角』（NHK出版新書、二〇一二）
笠井潔・巽孝之監修『3・11の未来――日本・SF・創造力』（作品社、二〇一一）
笠井潔・野間易通『3.11後の叛乱――反原連・しばき隊・SEALDs』（集英社新書、二〇一六）
笠井潔・藤田直哉『文化亡国論』（響文社、二〇一五）
加藤周一『雑種文化――日本の小さな希望』（講談社文庫、一九八四→一九七四では？）

加藤典洋『さようなら、ゴジラたち――戦後から遠く離れて』(岩波書店、二〇一〇)
加藤典洋『アメリカの影』(講談社学術文庫、一九九五)
河出書房新社編『「シン・ゴジラ」をどう観るか』(河出書房新社、二〇一六)
川本三郎『今ひとたびの戦後日本映画』(岩波書店、一九九四)
切通理作『本多猪四郎　無冠の巨匠』(洋泉社、二〇一四)
北野武『余生』(ロッキング・オン、二〇〇一)
北野武『孤独』(ロッキング・オン、二〇〇二)
北野武『時効』(ロッキング・オン、二〇〇三)
北野武『武がたけしを殺す理由　全映画インタヴュー集』(ロッキング・オン、二〇〇三)
クリストフ・フィアット『フクシマ・ゴジラ・ヒロシマ』(平野暁人訳、明石書店、二〇一三)
高橋敏夫『ゴジラが来る夜に――「思考をせまる怪獣」の現代史』(集英社文庫、一九九九)
高橋敏夫『ゴジラの謎――怪獣神話と日本人』(講談社、一九九八)
藤田直哉『虚構内存在――筒井康隆と〈新しい《生》の次元〉』(作品社、二〇一三)
佐藤健志『ゴジラとヤマトとぼくらの民主主義』(文藝春秋、一九九二)
ジグムント・フロイト『フロイト著作集3　文化・芸術論』(池田紘一・高橋義孝・西田越郎・浜川祥枝・木村政資訳、人文書院、一九六九)
志水義夫『ゴジラ傳――怪獣ゴジラの文藝学』(新典社選書、二〇一六)
ジャン＝ピエール・デュピュイ『聖なるものの刻印――科学的合理性はなぜ盲目か』(西谷修・森元庸介・渡名喜庸哲訳、以文社、二〇一四)
ジョルジュ・バタイユ『エロティシズム』(酒井健訳、ちくま学芸文庫、二〇〇四)
スーザン・J・ネイピア『現代日本のアニメ――『AKIRA』から『千と千尋の神隠し』まで』(神山京子訳、中公叢書、二〇〇二)

杉田俊介『宮崎駿論――神々と子どもたちの物語』（NHKブックス、二〇一四）
田尻智・宮章太郎『田尻智　ポケモンを創った男』（MF文庫ダ・ヴィンチ、二〇〇九）
田中文雄『神を放った男――映画製作者・田中友幸とその時代』（キネマ旬報社、一九九三）
テリー・イーグルトン『美のイデオロギー』（鈴木聡・藤巻明・新井潤美・後藤和彦訳、紀伊國屋書店、一九九六）
戸田山和久『恐怖の哲学――ホラーで人間を読む』（NHK出版新書、二〇一六）
中村真一郎・福永武彦・堀田善衛『発光妖精とモスラ』（筑摩書房、一九九四）
長山靖生『ゴジラとエヴァンゲリオン』（新潮新書、二〇一六）
長山靖生『日本SF精神史――幕末・明治から戦後まで』（河出ブックス、二〇〇九）
長山靖生『戦後SF事件史――日本的想像力の70年』（河出ブックス、二〇一二）
橋川文三『日本浪曼派批判序説』（講談社文芸文庫、一九九八）
橋川文三『昭和維新試論』（講談社学術文庫、二〇一三）
パブロ・エルゲラ『ソーシャリー・エンゲイジド・アート入門――アートが社会と深く関わるための10のポイント』（アート&ソサイエティ研究センターSEA研究会訳、フィルムアート社、二〇一五）
ピーター・ミュソッフ『ゴジラとは何か』（小野耕世訳、講談社、一九九八）
ビートたけし『仁義なき映画論』（太田出版、一九九一）
樋口尚文『グッドモーニング、ゴジラ――監督本多猪四郎と撮影所の時代』（国書刊行会、二〇一一）
フリードリッヒ・ニーチェ『悦ばしき知識』（信太正三訳、ちくま学芸文庫、一九九三）
堀田善衛『方丈記私記』（ちくま文庫、一九八八）
本多猪四郎『「ゴジラ」とわが映画人生』（ワニブックスPLUS新書、二〇一〇）
本間龍『原発プロパガンダ』（岩波新書、二〇一六）
マーク・スタインバーグ『なぜ日本は〈メディアミックスする国〉なのか』（中川譲訳、大塚英志監修、角川E－PUB選書、二〇一五）

松本人志『シネマ坊主』（日経BP社、二〇〇二）
三島由紀夫『英霊の聲　オリジナル版』（河出文庫、二〇〇五）
溝口彰子『BL進化論——ボーイズラブが社会を動かす』（太田出版、二〇一五）
八木正幸『ゴジラの時代』（青弓社、二〇一四）
保田與重郎『保田與重郎文芸論集』（講談社文芸文庫、一九九九）
山本七平『日本資本主義の精神——なぜ、一生懸命働くのか』（PHP文庫、一九九五）
山本七平『勤勉の哲学——日本人を動かす原理』（PHP文庫、一九八四）
山本昭宏『核と日本人——ヒロシマ・ゴジラ・フクシマ』（中公新書、二〇一五）
四方田犬彦『「かわいい」論』（ちくま新書、二〇〇六）
ロラン・バルト『表徴の帝国』（宗左近訳、ちくま学芸文庫、一九九六）

第B章❖8 〈笑い〉の逆襲

北野武の怪獣映画――『みんな～やってるか！』

『シン・ゴジラ』は、北野武の『アウトレイジ』（二〇一〇）、『アウトレイジ　ビヨンド』（二〇一二）によく似ている。

北野は、ヤクザ同士の抗争を、素早い言葉の応酬と人物達の顔のアップの連続で構成した。それは、『シン・ゴジラ』の会議のシーンにとてもよく似ている。前半の首相を務めている大杉漣は北野映画の常連なので、ますます北野映画を連想させられる。

ところで、北野武が、実は怪獣映画を作っている。ご存知だろうか。『みんな～やってるか！』という作品である（ちなみにビートたけし第一回監督作品でもある）。なんと、『新世紀エヴァンゲリオン』と同じ年の一九九五年に公開された。

本作を撮った直後に、半ば自殺であると本人が語るバイク事故を起こす（『余生』、『孤独』、『時効』、『武がたけしを殺す理由』などに拠る）。ヴェネチア国際映画祭で金獅子賞に輝くことになる『HANA‐BI』（一九九八）の二つ前の作品である。

この映画は物凄く不評であった。しかし、監督本人の「最高傑作」であるとする発言もある。

『シン・ゴジラ』論を語るうえで、この奇妙な映画に立ち戻る必要がどうしてもある。『みんな～やってるか！』（一九九五）は、ほとんど、日本と、日本映画と、芸能の世界の全てを馬鹿にし、別れを告げるか、あるいは宿便を出すために浣腸をしているかのような映画である。映画自体がまるで自殺のような、滑りギャグの延々と続くものであり、ほとんど映画を通じた自傷行為の連続である。

だが、それが素晴らしい。

主人公を演じるダンカンが、女とカーセックスをしたいという目的のために、車を買ったり、銀行強盗をしたり、俳優になったりするが、全く上手くいかず、後半になるとシュールリアリズム風の（高級に言えば、フェリーニ風の）展開になる。

ダンカンは、「やりたい」という目的に邁進する。だが失敗し続ける。しかし、いくら失敗し悲惨な目にあっても、何故か不思議と死なない。諦めない。そして、なお変身し続ける。

そう、ダンカンは、ゴジラなのである！

コントのように同一シチュエーションが何度も何度も反復するのは、あたかも死の欲動のようである。

勝新太郎をモデルにした人物を溺れさせたり、黒澤組の隣のスタジオでオーディションを受けたり、火達磨になった挙句に、女湯を覗こうと思っているダンカン（朝男）に、武が演じる博士が声をかける。そ

❖8　第B章という表記は、前著『虚構内存在――筒井康隆と〈新しい《生》の次元〉』（作品社、二〇一三）の最終章のあとに、補論として書かれた「第A章」と同じ意味合いを持ったシリーズなので、「第B章」と名づけたが、前著を読んでいなくても全く問題ない。

して透明人間になり、女湯とアダルトビデオの撮影を覗きに行くのを、ゴーストバスターズ風の武たちが追う。

二度目の透明人間化のときに、カプセルにハエが紛れ込み、ダンカンは「ハエ男」になってしまう（『ハエ男の恐怖』と『ザ・フライ』のパロディ）。

そして「地球防衛軍」が出動する。

地球防衛軍は、ほとんどカルトのような存在になっている。銀座に街宣車を走らせて、このように街宣する。「地球防衛軍は、ただいま隊員を募集しております。学歴、前科、ならびにハゲデブバカ、ノータリン、アンポンタンなどは一切問いません。また、包茎の方も結構です」。そして、着いた先で、戦わず、演歌を流し、無意味に野球に興じる。

ハエ男を呼び寄せるために、地球防衛軍は、ウンコを集めることにする。球場に集められた巨大なウンコの周りで、民謡、太鼓、フラダンスなどが行われる。これはモスラの引用である。なぜやるのか？　その理由を、隊員は「いや、色々と盛り上げたほうがいいかと思いまして」と、じつにいい加減な理由を答える（そして、これが映画作りの本心でもある）。

モスラの宗教的な、そして、「土民」を日本人が演じる滑稽さを笑い飛ばしている。日本人が南の島、ひいては植民地に抱くオリエンタリズムの視線が、同時に日本に折り重なる「モスラ」の矛盾を、さらにより先鋭化させ、突きつけてくる。

どちらかというと、ぼくらが見詰めなければいけないのは、「ゴジラ」、「モスラ」のような、畏怖する他者なる存在でなく、凛々しく美しい存在でもなく、自身の惨めさを突きつけてくる『みんな～やってるか！』なのではないだろうか。この映画を直視し、哄笑によってこそ、トラウマの解除を願うべきなのではないだろうか。

映画の結末では、「ハエハエガールズ」が登場し、小美人の歌うモスラの歌の調子で、以下のように歌う。

ハエラ〜ヤ　ハエラ〜
ウンダラマンコチン
ドッキング〜
ウンコフンダララ〜
アナハマ〜ルヤ
クソクサ〜イゾ

これは、筆者の聞き取りに拠るので、歌詞が合っているかわからない（何十回も繰り返し聞いたので、ノイローゼになりそうになった）。

巨大ハエ男であるダンカンは、ウンコに降りてきて、最終兵器によって攻撃を受ける。地球防衛軍の最終兵器は、巨大なハエ叩きである。

何度も叩きつけられたダンカンは、一度は動きを止める。地球防衛軍・芸能の人々の喝采のあと、お百姓さんたちの喝采。スタッフロールのあとにバッタ男として復活していることが示される（今度は、飛び跳ねて、東京タワーに刺さる)。

そしてこの映画の、スタッフロール手前のラストカットは、デモである。ビートたけし扮する博士と、助手が、「ハエ男を殺すな!」、「ハエ男を救え!」、「ハエ男は頭のよいホ乳類です」とプラカードを掲げて立っている。

国会前デモではないか!

怪獣映画対〈笑い〉

北野武という、日本を代表する世界的な映画監督が、キャリアの絶頂期(『ソナチネ』と『HANA-BI』の間である)に、「怪獣映画」と直接対決していたということは重要なことである。

日本と怪獣の意義の持っている神の代理としての機能が倫理的脅迫の側面を持つことに、笑いによって挑みかかるということは、戦後日本の精神史に直接介入し、変えようとする行為そのものである。

〈ゴジラ〉という、恐怖や崇高、倫理的脅迫をもたらす存在の超越性でもなく、平和と祈りと女性性のモスラでもなく、それら全てをさらに拒否し尽くした「笑い」のニヒリズムの地平に北野武(ビートたけし)はいる。救済となるべき、宇宙論的な支えは何か。「笑い」である。それは、ゴジラを「かわいい」化するのとは別の、一つの「無常」に匹敵する地平である。

しかし、この「笑い」は不発を運命づけられている。怪獣映画のパロディである『みんな〜やってるか!』は、怪獣映画と底流において結びつく。失敗しても試み続ける「死の欲動」と、自己否定的な更新の運動において、『みんな〜やってるか!』は、怪獣映画の正統な子孫なのである。

赤坂真理は、「よじれた私たちならではの希望」という『シン・ゴジラ』論で、「アメリカ合衆国だってパロディである。少なくともフィクションである。民主主義も民によるコントロールのフィクションでありパロディであり。だから、民主主義を生んだ国のひとつ、イギリスでは、あんなにも不条理なパロディがさかんだったのだろう。この頃はイギリスも、自らを笑ってみせるなんてことがない感じがするけど。／自らをかえりみて笑えなくなった社会こそ、まさにやばいのであろう」（P４）と述べているが、だとするなら、評価すべきは『シン・ゴジラ』ではなく、『みんな〜やってるか！』ではないのか。ぼくたちに必要なのは、東日本大震災と原発事故を経験した日本そのものを「笑ってみせる」、『シン・みんな〜やってるか！』ではないのか！　そのことによってこそ、ぼくらは、神の影の呪縛に決別することができるのではないか！

作中、不必要なまでに繰り返される、特に作中で理由がまったく説明されていない自殺を試みている人物や、性行為を周囲の人間がじっと眺めている場面。自殺の試みと、性の場面が見られているという感覚が、死の欲動のように、遊びのように、反復し続ける。

徹底した笑いのニヒリズムの中で、死と性という、人間存在の根源的な部分までが虚無化する。人間存在の意義が失われかけてしまう地平にまで到達している。結末部分で、怪獣映画に対して笑いで立ち向かう行為は、敗北、もしくは相打ちになる。笑いによる、戦後の虚無的な消費社会・マスメディアの世界における、新たな、超越的な価値による対抗は、おそらくここで敗北を喫した。

だが、この敗北により、「笑い」による救済の可能性すら失った後に、彼が世界的な映画監督として栄誉を得るというのは、皮肉なのだろうか。その世界的な映画監督としての栄誉の裏に、この怪獣映画の意義が隠れてしまうのは、もったいないことである（後に、北野武は、リベンジマッチとも言うべき『TAKESHI'S』（二〇〇五）、『監督・ばんざい！』（二〇〇七）などの作品を作っていることから、『みんな～やってるか！』を完全に忘れ去ってしまっていいわけではないだろう）。

笑いによる救済、とか、笑いという神、とか聞くと、読者は普通に「なんだ、そりゃ！」と思うだろう。ここで言っている「笑い」とは、カーニバルに近いものである。祝祭感とでも言うべきか。笑いは、単に知的・概念的なものではなく、身体的で、集団的なものでもある。ニーチェの言い方で言えばディオニソス的なものである。神なき世界に耐えるには、人間には、身体を伴った祝祭や、笑いなどを用いるという手段がある。それは、神なき世界における人間の存在論的な根拠のなさや、宇宙論的な意味のなさを紛らわせてくれる。宗教のように、意味や意義を与えるのではなく、それがなくても耐えられるようにするという意味で、それは政治的意義をすら持っている。「笑い」による宇宙論的意味の確保が可能になれば、「神の国」のようなイデオロギーも必要なくなるし、ゴジラやモスラのような擬似的な超越性も必要なくなるからだ。その点で言えば、『みんな～やってるか！』は、大衆の心理における、宇宙論的な意味、人間存在の支えを、怪獣映画から笑いへと奪い返そうとする試みとして読みうる。

映画の撮影直後に、半ば自殺であると本人が述べる一九九四年八月二日のバイク事故を起こしているだけあり、北野武本人の生の意味に対する問いかけが全体に濃厚に張り詰めている、実に、恐ろしい映画である。

松本人志『大日本人』——またしても敗北する〈笑い〉

北野武が、「笑い」によって、怪獣映画に対決しようとし、敗北(?)を喫したリベンジというわけではないのだろうが、お笑い芸人の松本人志の初監督映画『大日本人』(二〇〇七)もまた怪獣映画に笑いで対決するものであり、同時にナショナリズムと映画の関係を鋭く抉るものであったというのは、大変興味深いことである。

『大日本人』は、大佐藤という名前の変身ヒーローを追った擬似ドキュメンタリー映画の構成を取っている。かつては国民的人気があった「大日本人」という怪獣と戦う存在も、今や人気も廃れている。それどころか、家には石を投げ込まれたり、塀に落書きされたり、変身する「電変所」には抗議の看板などを大量に設置され、散々である。

大佐藤が変身する際、神社の神主のような人が儀式を行うが、これも別に本当は必要ないらしいということが作中で示されている。大佐藤は、変電所のような施設の中で、神道的な儀式を経て巨大化し、お笑い芸人を元にしたCGの怪獣と戦う。その様子は深夜番組で放送されているが、視聴率も低迷している。『みんな~やってるか!』では、ダンカンが、銀行強盗、座頭市、ヤクザ、透明人間、ハエ男などに変身していくにつれて、映画そのもののジャンルがスライドしていくというメタ構造(これはただの映画に過ぎない、ということを常に意識させられる)になっていた。『大日本人』も似たようなメタ構造を取っている。松本の場合は、ドキュメンタリーと、TV番組と、CGと、お笑いと、「映画」以外のものの文法を無理やり一つにしている状態に近く、『みんな~やってるか!』のような、映画そのものが変身し続けていくという感じとは異なっている。

大佐藤が、赤い怪物にやられそうになると、視聴率が上がる。赤い怪物について、大佐藤が、どこの国の存在なのだろうかと疑問を口にした直後に、北朝鮮の放送を模した映像が挿入され、そのニュースによれば、自国の怪獣が日本を襲ったと口にしている。暗示的に、というより、明示的に、この赤い怪獣は北朝鮮の脅威を象徴している。

映画は、CGで描かれた、赤い怪獣と大佐藤の戦闘シーンを、実写版に変えて、水準を変えることで終わる。安っぽい着ぐるみとセットで作られた空間の中で、アメリカの国旗のような色味で、ウルトラマンに造形的によく似たスーパージャスティスというヒーローが登場し、間抜けで貧弱な造型の赤い着ぐるみの獣をボコボコにする。大佐藤は、遠慮がちに隠れてばかりで、特に何もしないで、スーパージャスティスが赤い獣の着ぐるみを毟ってリンチを続けていくのを見ているが、最後に、レーザー攻撃に加わるように言われて、ペコペコしながら参加する。レーザーは、大佐藤が加わっても加わらなくても、威力にろくに差はない。

もちろん、これは日米関係と、北朝鮮の脅威に対する「イメージ」の問題を扱っているのである。大日本人、大佐藤という虚構のヒーローに託されたナショナリズムの肥大を嘲笑うかのように、「実写」パートは、現実における政治的な関係性のリアリティを想起させるようになっている。

〈怪獣〉という、戦後日本の大衆文化における擬似的な超越性、擬似的な神へのこの、〈笑い〉による再戦の結果はどうなったのか。

またしても、〈笑い〉の敗北である。

神の影と訣別するために

ぼくたちが、〈ゴジラ〉という、神を殺すためには、笑いが必要だ。

笑いによって、神は殺すことができる。

逆に言えば、神なきあとの世界に耐えるためには、笑いが必要になってくる。北野武は作中で「オーマイゴッド」ならぬ「オーマイ親鸞《しんらん》」というギャグを言うことで、神の座を親鸞に変えてすらいる！

ニーチェはこう言った。

　神は死んだ！　神は死んだままだ！　それも、おれたちが神を殺したのだ！　殺害者中の殺害者であるおれたちは、どうやって自分を慰めたらいいのだ？　世界がこれまでに所有していた最も神聖なもの最も強力なもの、それがおれたちの刃で血まみれになって死んだのだ、――おれたちが浴びたこの血を誰が拭いとってくれるのだ？　どんな水でおれたちは体を洗い清めたらいいのだ？　どんな贖罪の式典を、どんな聖なる奏楽を、おれたちは案出しなければならなくなるだろうか？　こうした所業の偉大さは、おれたちの手にあまるものではないのか？　それをやれるだけの資格があるとされるには、おれたち自身が神々とならねばならないのではないか？

（『悦ばしき知識』Ｐ２２０）

　神は死んだ、――けれど人類の持ち前の然らしめるところ、おそらくなお幾千年の久しきにわたり、神の影の指し示されるもろもろの洞窟が存在するであろう。――そしてわれわれ――われわれは、さらに神の影をも克服しなければならない！

（Ｐ１９９）

ゴジラとは、天皇という神を失ったあとに、戦後の映画文化が案出した「贖罪の式典」であり「聖なる奏楽」である。神が死んでしまったのちに作り上げられた、人工的な「神の影」である。いままで確認してきたとおり、多くの論者に天皇や、日本の土着的な神のことを想起させてきた。

しかし、ぼくたちは、この神の影――神である〈ゴジラ〉、罪である〈ゴジラ〉を、克服しなければならない。一作目の『ゴジラ』やその製作者を神格化し祭り上げることは、影として影響を及ぼし続けるかつての「神」を温存するだけに他ならない。

北野武の『みんな～やってるか！』、松本人志の『大日本人』は、この「神の影」から自由になるための試みであった。「笑い」とは、無自覚に人々が内面化・身体化しているコンテクストに対し、「ズレ」を通じて自覚を促し、相対化させる効果がある。日本の戦後によって展開されながらも意識化して論じられることが少なかったそれを「お笑いイデオロギー」と呼ぶことにしよう。

その「笑い」の能力を最大限に発揮させるためには、もっとも意識化されにくい権力、政治的な空虚を意識化させる方向に必然的に進む。「笑い」の価値を信じ、徹底的に突き進むなら、「日本」という国の「神の影」である怪獣映画との対決に至るのは、必然でもあっただろう。

このような「神の影」との対決が必要になったのは、ゴジラに象徴される、新たな超越性が、あまりにも倫理な脅迫として強いからである。

これは同時に、憲法と無意識を結びつける柄谷行人のフロイトの使い方に対する異議申し立てでもある。倫理主義的に苛烈すぎる「超自我」理解に、異議申し立てをしたいのだ。

一九二〇年に「快感原則の彼岸」を発表したフロイトは、その八年後に「ユーモア」という文章を書いている。「自我は現実の側からの誘因によってみずからを傷つけること、苦悩を押しつけられることを拒み、外界からの傷を絶対に近づけないようにするばかりでなく、その傷《トラウマ》も自分にとっては快楽のよすがにしかならないことを誇示するのである。この最後の点こそ、ユーモアにとってまず第一に不可欠な点である」（P407）。すると怪獣映画も、「傷」を「快楽」に変え、「誇示」する点で、ユーモアに近い。しかし、緩みを与えるのではなく、緊張や恐怖を与えるという点で、ユーモアとは異なる。

フロイトは、普段は峻厳な「父」のような機能を果たす「超自我」が、ユーモアの場合には「滑稽」を生み出すのだと述べている。そのメカニズムについて詳述は避けるが、超自我（大人）が、自我（子供）に対し、「子供にとっては重大なものと見える利害や苦しみも、本当はつまらないものであることを知って微笑している」（P408）、そして、そう教えてやる。

これはそれぞれの人間同士でも起こるし、一人の人間の中でも起こる。

ユーモアとは、ねえ、ちょっと見てごらん、これが世の中だ、随分危なっかしく見えるだろう、ところが、これを冗談で笑い飛ばすことは朝飯前の仕事なのだ、とでもいうものなのである。（P411）

このような自我の防衛は、「精神的健康の土台を掘り崩すようなことはない」。

ゴジラの破壊というディオニソス的な、擬似的な破壊と死の祝祭を見ている観客に、「それは映画ですよ」、「大したことのないものですよ」と突きつけるユーモア。

『みんな~やってるか!』や『大日本人』は、そのユーモアの機能により、日本人の集団的な無意識そのものを相対化し、直視する目線を獲得する。ただし、その目線を持ってしまった以上、世界は虚無になる。その虚無から人を救うのは何か。笑いなどによる世界の肯定か、あるいは愛か、ダンカンが求め続けている性か。そこの虚無の中に、別種の超越性を希求してしまうような真空が生まれてしまう。徹底した虚無を描くことで、逆説的に、超越的なものの必要性を召還してしまってはいないか。おそらく、それが『みんな~やってるか!』の限界だ。ただし、そこまで到達したこと自体が驚愕である。

笑いは、サンリオやポケモンが「かわいい」によって、「神の影」を、ファンシーでカラフルでふわふわしたものに分解し浄化しようとしたチャレンジと並行して語られるべき、「神の影殺し」なのだ。

はたして、東日本大震災を笑うことができるか

だが、わかっている。〈笑い〉は敗北してきたし、これからも敗北し続ける。『REX 恐竜物語』(一九九三)や『北京原人 Who are you?』(一九九七)を〈笑い〉により受け止め、ぼくたちは勝利してきたつもりでいた。

しかし、『シン・ゴジラ』の、バカにして笑うスキがほとんどない内容は圧倒された。この「圧倒」は、東日本大震災の経験と、津波や原発事故の深刻さという「現実」の圧力が言わせていることでもあることもまた確かである。

津波や原発事故の象徴である『シン・ゴジラ』の深刻さを〈笑い〉によって克服することができるのかどうかという問いは、「東日本大震災を笑うことができるか」という問いに変換できる。ぼくたちは原理

的に何でも笑うことができる。それが人間の真実であれば、笑うことを表現していいはずだ。坂口安吾は、第二次世界大戦時、東京で受けた空襲を、美しく面白いものであったと表現している。多くの人が、死に、苦しみ、なお困難が残るこの事態を「笑う」ことができるか。ぼくは、それが論理的に可能であるし、必要かもしれないことは分かっているが、想像してみるだけで、自身の中の心理的タブーの感覚が強く働き、おぞましさすら感じてしまう。

しかし、それが良いのかどうか。

いずれ、その倫理的タブーを解除しなければならない日が来るのかもしれない。タブーがあることにより、集団の精神の盲点をめぐる病が発生しないとも限らないからだ。ヴォルテールが『カンディード』でリスボン大震災を、カート・ヴォネガットが『スローターハウス5』でドレスデンの空爆を、怒りを篭《こ》めながら、「人類とこの世界は冗談なのだ」というギャグとして描いたように。二人が、怒りと人間への共感ゆえに、神への怒りを煮えたぎらせ、その存在を否定し、それでもかろうじてこの世界を肯定しようとしたときに、「笑い」が必要になったように。

生きてこそ

「神の影」を克服するための困難は、それを克服しようとするものもまた、影の一部になってしまうことだ。

神、すなわち天皇とそれに結びついた特攻隊たち、ゴジラ、北野武に共通しているのは、「反復」である。

天皇＝神の死のあとに生み出された人工的な神であるゴジラに対抗する「笑い」もまた、神の影そのものと化してしまっている。

北野武は『3－4x10月』(一九九〇)、『ソナチネ』(一九九三)、『HANA－BI』、『アキレスと亀』(二〇〇八)などで、頻繁に自殺、もしくは自分が演じる役の死を描いている。映画という装置を用いた擬似的な自殺と言ってもよい。同時に、特攻のような殴りこみも『龍三と七人の子分たち』(二〇一五)などで頻繁に扱っている(特攻隊のパロディも本作には存在する)。フライデー殴りこみ事件も、特攻のパロディ的な反復と看做しうる。

お笑い芸人として、また、映画監督としても実質的な社会的自殺である『みんな～やってるか!』は、「笑い」による神の影＝怪獣の解体作業だが、その作業もまた特攻のように、自殺的で自己犠牲的な戦いにならざるを得ないのだ。倒そうとしているものの性質を受け継いでしまうことに、「神の影」の逃れ難さがある。

それは、第二次世界大戦というトラウマ＝倫理の根源となる超越性の、克服しがたさ、反復して回帰する悪夢の執拗さでもあるだろう。その回帰の悪夢を、倫理の根源として肯定するのか、あるいは、それすらも「神の影」として退けるべきなのか、それは分からない。しかし、少なくともいえるのは、未だに「神の影」はぼくたちに影響を及ぼしているということだ。

そして、ぼくらは、敗北するとしても、その挑戦がまるで特攻隊を反復しているようではあっても、この「神の影」を克服するための挑戦を行うだろう。

それは、「菊のタブー」の影響を徹底して解除し、人間が真に自由になるために必要なことなのだ。過去を無視するのではなく、トラウマを否認や抑圧するのではなく、直視した上で、受け止める。そんなユーモアの力によって。

それは不可能だろうか？　『シン・ゴジラ』の圧倒的な力を目の前にした今は、不可能なような気がする。

だが、それでも、やるだろう。「笑い」もまた抑圧されれば何度でも回帰するのだ。怪獣のもたらす擬似的な超越性のネガティヴな働きと戦うために、「笑い」は訪れるだろう。

そして惨めに負ける。

その惨めさによってこそ、ぼくたちは何かを浄化できる。

『みんな〜やってるか！』のエンドロールには倍賞千恵子の「さよならはダンスの後で」が使われ、「何も言わないでちょうだい　黙ってただ踊りましょう」と歌われる。

ニーチェは、『悦ばしき知識』の結末近くで、このように書いた。

舞踏こそは哲学者の理想なのであり、それが彼の芸術でもある、究極のところそれはまた彼の唯一の敬神、彼の「祭祀」でもある…。（P455）

ぼくたち――この、紙の上にのたうち回るインクと精神で戯れているぼくたちは、最後に、この「踊り」という敬神が、『みんな〜やってるか！』でどのように行われたのかを確認し、後は沈黙に任せよう。「自由」と「喜び」を踊りで表現した二〇世紀におけるモダンダンスの祖、イサドラ・ダンカンに敬意を表しつつ。

第二次世界大戦の激戦地であるガダルカナル島（多くの餓死者が出て「餓島」ともいわれた）の死者たちを想起させる名前を持った芸人であるガダルカナル・タカは、「生きてこそ航空」のセスナ機の中で、あたかも特攻の覚悟を決めた兵士のように酒を大量に呑む。

そして、Tバック一枚で踊りながら、このように歌った。

ウー、マンボ
マンボ　マンボ　ウー
マンボ　マンボ　マンボ？　マンボ
伸ばして伸ばして　チンボ
広げて広げて　チンボ
握って握って　チンボ
ウ～　気持ちいい！

終

略歴

藤田直哉（ふじた・なおや）

一九八三年、札幌生まれ。早稲田大学第一文学部卒、東京工業大学大学院社会理工学研究科価値システム専攻修了。博士（学術）。批評家。二松学舎大学、和光大学非常勤講師。

著作に、単著『虚構内存在——筒井康隆と〈新しい《生》の次元〉』（作品社、二〇一三）、編著『地域アート——美学／制度／日本』（堀之内出版、二〇一六）、共編著『3・11の未来——日本・SF・創造力』（作品社、二〇一一）、笠井潔との対談『文化亡国論』（響文社、二〇一五）など。

奥付

シン・ゴジラ論

二〇一七年一月一〇日　初版第一刷印刷
二〇一七年一月一五日　初版第一刷発行

著　者　藤田直哉
発行者　和田　肇
発行所　株式会社作品社
〒一〇二‐〇〇七二　東京都千代田区飯田橋二‐七‐四
電話　〇三‐三二六二‐九七五三
ファクス　〇三‐三二六二‐九七五七
振替口座　〇〇一六〇‐三‐二七一八三
ホームページ　http://www.sakuhinsha.com

装幀　小林　剛
本文組版　大友哲郎
印刷・製本　シナノ印刷株式会社

ISBN978-4-86182-612-2　C0095　Printed in Japan